Jutta Schöler (Hrsg.),
Rita Fritzsche, Alrun Schastok

Ein Kindergarten für alle

Kinder mit und ohne Behinderung
spielen und lernen gemeinsam

mit Zeichnungen von Lillian Mousli

2., aktualisierte Auflage

Cornelsen

SCRIPTOR

Ihre Wünsche, Kritiken und Fragen richten Sie bitte an:
Cornelsen Verlag Scriptor, Redaktion Frühe Kindheit,
Willy-Brandt-Platz 6, 68161 Mannheim

Ihre Bestellungen und Anfragen richten Sie bitte an:
Marketing, 14328 Berlin, Cornelsen Service Center,
Servicetelefon 030 / 89 785 89 2

ISBN 978-3-589-25292-3

Redaktionsleiterin: Ulrike Bazlen, Mannheim
Herstellung: Anja Kuhne, Weinheim; Sandra Bennua, Mannheim
Satz: Wiesjahn Satz- und Druckservice, Berlin
Druck und Bindung: Druckhaus „Thomas Müntzer" GmbH, Bad Langensalza
Umschlaggestaltung: Claudia Adam Graphik-Design, Darmstadt
Titelfotografie: Klaus G. Kohn, Braunschweig
Zeichnungen: Lillian Mousli

Printed in Germany

Weitere Informationen finden Sie im Internet unter
www.cornelsen.de

Inhalt

VORWORT

Liebe Leserinnen und Leser,

Das vorliegende Buch: *»Ein Kindergarten für alle – Kinder mit und ohne Behinderung spielen und lernen gemeinsam«* wendet sich an alle diejenigen, die im Kindergarten arbeiten oder sich in ihrem Studium auf die Tätigkeit in einem Kindergarten vorbereiten. Das Buch ist auch für Eltern von Kindern mit und ohne Behinderungen geschrieben, damit sie sich besser vorstellen können, wie der Kindergartenalltag gestaltet werden kann, damit alle Kinder zu ihrem Recht kommen und damit sie mit der Vielfältigkeit ihrer Fähigkeiten gegenseitig anregend und fördernd und nicht Angst auslösend und hemmend wirken.

In der bisherigen sonderpädagogisch orientierten Vorbereitung von Kindern mit Behinderung auf die Schule wird immer noch davon ausgegangen, dass es möglich sei, die kleinen Kinder außerhalb der Realitäten eines vielfältigen, oft auch lauten und vielleicht irritierenden Alltags in einem Kindergarten auf die Anforderungen in der Schule und in der Nachbarschaft, später am Arbeitsplatz vorzubereiten. Als erheblich sinnvoller erscheint es jedoch, die Kinder von Anfang an zu stärken, damit sie selbständiger und selbstbewusster werden.

Es ist etwas anderes, ob ein kleines Kind lernt, ein anderes Kind um Hilfe und Unterstützung in angemessener Form zu bitten, dabei auch zu lernen, wann es selbst – trotz einer Bewegungseinschränkung oder trotz Lernschwierigkeiten – für ein Kind Unterstützung bieten kann oder ob ein Kind lernt, wegen seiner Behinderung ständig (oder überwiegend) auf Erwachsene angewiesen zu sein, sich damit auch oft auf diese Hilfe der (hierfür bezahlten) Erwachsenen zu verlassen.

Der Erwerb von Autonomie und die schrittweise Emanzipation aus der Abhängigkeit von anderen Menschen wird als ein flexibler Prozess verstanden, der am ehesten mit einer offenen Spirale verglichen werden kann. Diese Entwicklung beginnt nicht erst mit der Loslösung vom Elternhaus und dem Besuch eines Kindergartens und endet auch nicht mit der Schulzeit.

Mit zunehmender Autonomie erkennt jeder Mensch nicht nur seine eigenen Fähigkeiten, sondern vor allem die Mittel und Hilfen, die in einem kooperativen Prozess von Mitmenschen geboten werden können. Erst das Wissen um die eigenen Fähigkeiten und die Sicherheit der Nähe zu anderen Menschen erlauben eine autonome Lebensführung und die Gestaltung der eigenen Vorstellungen von einem erfüllten und sinnvollen Leben. Dieses Prinzip gilt für alle Menschen – auch für Menschen mit einer schweren Behinderung. Dieses Prinzip beginnt in der Familie und im Kindergarten für alle Kinder wirksam zu sein und findet für Kinder mit einer Bewegungseinschränkung oder einer Leistungsminderung in einer nicht aussondernden Schule seine Fortsetzung.

Kinder sollten von klein auf die Gelegenheit haben, in dieser Lebensform gemeinsam zu lernen und sie benötigen die Sicherheit, dass diese Form des Zusammenlebens, des gemeinsamen Lernens und Arbeitens mit dem Ende der Schulzeit nicht abgebrochen werden muss, sondern weitergeführt werden kann. Den Jugendlichen mit Behinderungen werden in den kommenden Jahren mit Sicherheit auch am Arbeitsplatz zunehmend mehr nicht behinderte Kolleginnen und Kollegen begegnen, welche diese Form des Zusammenlebens bereits von ihrer eigenen Kindergarten- und Schulzeit her gewohnt sind.

Jutta Schöler   Berlin, im Februar 2005

1. Einleitung

Kinder brauchen einen Kindergartenplatz

»Jedes Kind hat vom vollendeten dritten Lebensjahr an bis zum Schuleintritt Anspruch auf Förderung und Betreuung in einer Tageseinrichtung.«
(SENATSVERWALTUNG FÜR JUSTIZ BERLIN 1998, Kindertagesbetreuungsgesetz, Erster Abschnitt, §1 Absatz 1)

Eltern wissen, gerade wenn sie sich ein, zwei oder drei Jahre lang intensiv mit ihren Kindern beschäftigt haben, dass sie den neugierigen wissbegierigen kleinen Menschen nun nicht mehr genug sind. Diese wollen und brauchen auf dem Weg zu sich selbst den Spiegel von anderen kleinen Menschen, die ihre Gefühle wiedergeben, die Wut beim Streit um das Feuerwehrauto, die Freude beim Springen in Regenpfützen. Sie brauchen das andere Kind, das »nein« sagt. Sie brauchen es, um sich zu sozialen Menschen zu entwickeln. Sie brauchen die anderen Kinder auch als Vorbild, als Motivation für ihr weiteres Lernen. Sie brauchen das Fränzchen, das nur ein wenig größer ist, aber schon auf den Turm klettern kann. Sie brauchen den Mike, der mit Wasser und Farbe ein Blatt Papier bemalt, sie brauchen Sophie, die schon weiß, wie viel fünf Teller sind und Friederike, die ein ganzes Lied singen kann, sie brauchen Kim, die lachen und weinen kann und sie brauchen Marco, dessen Speichel aus dem Mund fließt. An diesen Vorbildern können sie sich orientieren, ihre Fragen stellen und schrittweise ihre ganz persönlichen Fähigkeiten entwickeln.
Eltern, die ihren Bedarf nach einem Kindergartenplatz anmelden, tun dies in erster Linie, um ihren Kindern eine Möglichkeit zu sozialem und kognitivem Lernen zu geben. Außerhalb von Kindergärten sind vielfältige Erfahrungen mit Kindern so nicht möglich.

»Keinem Kind darf auf Grund der Art und Schwere seiner Behinderung oder seines besonderen Förderungsbedarfs die Aufnahme in eine Kindertagesstätte verwehrt werden. Kinder mit Behinderungen werden in der Regel gemeinsam mit anderen Kindern in integrativ arbeitenden Gruppen gefördert.«
(s. o., § 5 Absatz 1)

Ein Großteil der Kinder in Deutschland besucht einen Kindergarten. Nur wenige von ihnen wachsen in einer Gemeinschaft von behinderten und nicht behinderten Kindern auf, obwohl die positive Wirkung von Integration im Kindergarten inzwischen allgemein anerkannt ist.

Vielen Menschen ist vielleicht nicht bewusst, wie normal und selbstverständlich sich der Alltag in einem Kindergarten, der offen für alle Kinder ist, gestaltet. Auch finden nicht überall Eltern und Erzieherinnen den Mut und die notwendige Offenheit und Unterstützung, um ein »behindertes« Kind in einen »normalen« Kindergarten aufzunehmen.

Wir wollen in diesem Buch etwas von der Selbstverständlichkeit und Nützlichkeit von Integration vermitteln und darstellen, dass Alltag eben auch im Integrationskindergarten ein ganz normaler Alltag mit Höhen und Tiefen, mit Problemen und Erfolgen ist.

Interessierten LeserInnen soll Mut gemacht werden, sich in ihrem Umfeld für Integration einzusetzen. Viele von denen, die bereits integrativ arbeiten, werden in diesem Buch vielleicht Bestätigung finden und Antwort auf Fragen, die sich ihnen immer wieder stellen.

Unser Buch hat zwei Autorinnen. Wir haben darauf verzichtet, unsere verschiedenen Texte allzu perfekt zu einem Ganzen zu »glätten« und hoffen, damit eine Offenheit in den Formulierungen erhalten zu haben, die Raum lässt für konstruktive Auseinandersetzung und für andere Meinungen. Das Buch muss nicht von vorn nach hinten gelesen werden, einzelne Kapitel können auch ganz für sich Grundlage einer Auseinandersetzung z. B. im Erzieherinnen-Team sein. Wir verstehen unser Buch als Informations- und Arbeitsmaterial, das jederzeit Erweiterung und Aktualisierung zulässt.

Meist wird in diesem Buch die Wir-Form gewählt; dort, wo es sich jedoch um sehr persönliche Darstellungen der Autorinnen handelt, wechseln wir zur Ichform.

Ein Hinweis soll noch unserer Schreibweise gelten: Da im Erzieherinnen-Beruf und auch im Physiotherapeutinnen-Beruf eindeutig die Frauen in der Überzahl sind, sprechen wir auch diese Überzahl verallgemeinernd an und schreiben prinzipiell von den Erzieher**innen** (usw.).

2. Unser Verständnis von Integration und Behinderung

»Integration« wird übersetzt als »(Wieder-)herstellung eines Ganzen«; im Italienischen und Spanischen heißt »integro« »vollständig«. Für uns heißt Integration in diesem Sinne genau das: Vollständigkeit, Ganzheit. Ein Ganzes im Kindergarten, dazu gehören nicht nur Kinder mit einer Behinderung, sondern auch ausländische, sozial benachteiligte, große, kleine, dicke, dünne, laute, leise – eben alle Kinder und natürlich alle Erwachsenen, die sich im Kindergarten aufhalten. Jedes dieser Kinder hat individuelle, besondere Bedürfnisse.

Die Idee, behinderte Kinder gemeinsam mit nicht behinderten in einem Kindergarten zu betreuen, hat sich in den vergangenen Jahren unter dem Begriff der »Integration« behinderter Kinder etabliert. Auch wenn vor dem Hintergrund einer historischen Entwicklung des Integrationsgedankens in der Kindergarten-Praxis sehr wohl und sinnvoll die Rede ist von einer »Integration behinderter Kinder«, gehen wir davon aus, dass der Begriff sinnlos ist, wenn selbstverständlich alle Kinder (vollständig, vollzählig) denselben »Regel«-Kindergarten besuchen dürfen. Ein Kindergarten für alle muss keinen Zustand »wiederherstellen«; Aufgabe ist es viel mehr, den Zustand eines Ganzen zu erhalten und zu gestalten.

Integration heißt für uns nicht, dass sich ein Kind mit Behinderung seiner Umgebung anpasst bzw. angepasst wird, sondern dass eben diese Umgebung Bedingungen schafft, die ein Miteinander von Menschen mit und ohne Behinderung möglich macht.

In der aktuellen Praxis von Kindergärten in Berlin/Brandenburg wird die Ermöglichung integrativer Prozesse formell verstanden als eine Aufgabenverteilung zwischen verschiedenen Erzieherinnen: 1 Erzieherin (Stützpädagogin) = zuständig für 2 bis 4 Kinder mit Behinderung, 1 Erzieherin (Regelpädagogin) = zuständig für alle übrigen Kinder.

Eine solche Aufteilung, wörtlich genommen, bedeutet Trennung. Sie macht so angewendet, behaupten wir, Integration unmöglich.

Eine Stützpädagogin unterstützt die Gruppe und nicht einzelne Kinder. Wir halten es für notwendig, dieses hier noch einmal zu betonen, da zurzeit eine Entwicklung erkennbar wird, die wir für problematisch halten: Fortbildungsinstitute bieten zunehmend Weiterbildungen zum »Facherzieher für Integration« an (siehe Kapitel Hinweise zur Aus- und Weiterbildung von Integrationspädagoginnen). Dieses ist einerseits ein Fortschritt gegenüber den heilpädagogischen Aus- und Weiterbildungen, die nicht in erster Linie gemeinsames Leben und Lernen als Ziel haben. Andererseits manifestiert sich sowohl durch die Begrifflichkeit als auch durch den staatlich anerkannten Abschluss ein Anspruch auf eine besondere Pädagogik in besonderen Einrichtungen mit einer besonders bezahlten Facherzieherin bzw. Stützerzieherin – die Beschäftigungsposition einer Stützerzieherin wird höher bewertet als die einer Regelerzieherin. Unserer Ansicht nach hat jedoch jedes Kind ein Recht auf integrative, d. h. nicht aussondernde Erziehung und diese sollte das gemeinsame Ziel einer Einrichtung sein ohne die Verteilung von Kompetenz allein durch das Kriterium Behinderung/ nicht Behinderung.

Daher ist es notwendig, die Inhalte solcher Ausbildungen zum Standard der allgemeinen Erzieherausbildungen zu machen, um deren Qualität auf Dauer zu sichern. Eine Initiative wie LENA (= **L**asst **u**ns **e**twas **N**eues **a**usprobieren) an der Ersten Staatlichen Fachschule für Sozialwesen in Berlin (siehe Kapitel 6) sollte als Wegbereiterin begriffen werden, deren Ziel es ist, Integrationspädagogik zur Regelpädagogik zu machen, um sich dann auflösen zu können.

In kritischer Abhebung von juristischen und auch medizinischen Definitionen, die »Behinderung« als Merkmal einer Person definieren, und in Anlehnung an die von der WHO 1980 vorgelegte Behinderungsdefinition sehen wir »Behinderung« als mögliche **Folge** einer **Schädigung** und/oder **Leistungsminderung**, die nicht in der Person begründet ist.

Dabei wird »Schädigung« definiert als biologische, organische Anomalie, »Leistungsminderung« hingegen als individuelle, psychologische Einschränkung der Fähigkeit, eine Tätigkeit »normal« auszuüben. Die soziale Reaktion auf »Schädigung« bzw. »Leistungsminderung« lässt den Begriff »Behinderung« Realität werden.

Nicht jede Schädigung oder Leistungsminderung führt zwangsläufig zu einer Behinderung. J. SCHÖLER verwendet in Anlehnung an SANDER den Begriff der »Behinderung« *»erst dann, wenn eine Leistungsminderung, die auf Grund einer Schädigung eingetreten ist, zu einer sozialen Ausgrenzung führt«.* (SCHÖLER 1996, S. 9)

In der Tradition ökosystemischen Denkens sieht SANDER »Behinderung« in einem gestörten Mensch-Umfeld-System (*»Behinderung besteht in ungenügender Integration«*, SANDER 1999, S. 105). Erst die Veränderung der Umfeldbedingungen kann den Begriff der »Behinderung« individuell überflüssig machen: *»Ideal ist eine Umwelt denkbar, die so vielfältige Rollenerwartungen hegt, dass auch ein Mensch mit Schädigung und Leistungsminderung gesellschaftlich akzeptierte Rollen ausfüllen kann. Dieser Mensch wäre trotz Schädigung und Leistungsminderung frei von Behinderung.«* (ebd., S. 104)

3. Einstellungen und Verhalten gegenüber Behinderung und Menschen mit Behinderungen – Erzieherinnen, Therapeutinnen, Eltern, Kinder

Was denke und fühle ich, wenn ich einem Menschen mit einer Behinderung gegenüber trete? Verspüre ich Angst? Schuldbewusstsein, Unsicherheit, Ekel oder Mitleid?

Welche Gedanken und Gefühle darf ich als Erzieherin gegenüber Kindern mit Behinderungen haben? Im Kontakt mit Menschen mit Behinderung ist jeder Mensch – zum Teil bewusst, zum Teil unbewusst – mit bestimmten Gedanken und Gefühlen konfrontiert, die seine Einstellung gegenüber Behinderung kennzeichnen. »Einstellungen« bezeichnet der Soziologe Günther CLOERKES als ein *»stabiles System von positiven oder negativen Bewertungen, gefühlsmäßigen Haltungen und Handlungstendenzen in Bezug auf ein soziales Objekt«*. (CLOERKES 1997, S. 77) Den Einstellungen liegen Normen und Werte der jeweiligen Gesellschaft zu Grunde, in der die Menschen mit dieser Einstellung sozialisiert sind.

Extrem negative Einstellungen zu bestimmten Menschen werden zu »Vorurteilen«, Urteile, die bereits vor Prüfung des Menschen gefällt werden. Ein Stigma ist dabei die Zuschreibung einer bestimmten, negativen Eigenschaft auf eine Personengruppe oder ein einzelnes Individuum, das dieser Personengruppe zugeordnet wird (wie z. B. die Meinung, dass Menschen mit einer spastischen Behinderung zugleich geistig behindert seien).

Einstellungen gegenüber Behinderung sind von solchen Vorurteilen und Stigmata geprägt, beinhalten jedoch nicht bewiesenermaßen nur dieselben.

Die Vermittlung von Normen und Werten, somit auch die Herausbildung von Einstellungen gegenüber Behinderung und behinderten Menschen, findet hauptsächlich in der frühen Kindheit statt und erfolgt in umfassendster Weise über Alltagskommunikation, Märchen und Kindergeschichten, aber auch bereits über die verschiedenen Medien (Kino, Fernsehen, Kassetten, Werbe-Plakate, Kinderzeitschriften usw.).

In Literatur und Medien wird den Kindern gerade in Bezug auf Einstellungen gegenüber körperlichen, geistigen und seelischen Abweichungen nur allzu oft vermittelt, dass solche Abweichungen »böse« oder »schlecht« sind (bzw. »bösen« Gestalten wird oft ein abweichendes Aussehen oder

Verhalten verliehen: sie hinken, haben nur ein Auge, sind buckelig, reden merkwürdig oder verhalten sich merkwürdig; auch andere Charakterisierungen von Abweichungen wie z. B. »lächerlich« sind möglich – man denke nur an die vielen lispelnden Figuren in Trickfilmen). Darüber hinaus zeigt die allgegenwärtige Werbung nur » Normal-« oder »Ideal-Menschen«; auch hier dient Normabweichung (besonders dick sein, eine starke Brille benötigen, Pickel haben usw.) nur der Hervorhebung eines Produktes, das normabweichende »Mängel« verringert oder beseitigt.

Über die Gründe für die überwiegend negative Einstellung gegenüber Behinderung (die sich in Reaktionen wie Hilflosigkeit, Angst, Unbehagen, Verlegenheit oder Abscheu äußert) gibt es verschiedene wissenschaftliche Erklärungsansätze, auf die hier nicht eingegangen werden soll. Wir wollen jedoch auf einen Erklärungsvorschlag von J. HOHMEIER bezüglich der Funktionen von Stigmata hinweisen: HOHMEIER unterscheidet eine so genannte Mikroebene (das Individuum, also den einzelnen Menschen betreffend = ich) und eine Makroebene (die Gesellschaft betreffend = wir).

Auf der Mikroebene haben Stigmata die Funktion,
– Unsicherheit gegenüber dem behinderten Menschen zu verringern,
– Entlastung von (alltäglichen) Aggressionen zu bringen und
– das seelische Gleichgewicht wieder herzustellen.

Auf der Makroebene sollen sie dazu dienen,
– das jeweilige gesellschaftliche (Norm-) System zu stabilisieren,
– Aggressionen der Gesellschaft zu kanalisieren,
– die Norm-Anpassung der Nicht-Stigmatisierten zu verstärken und
– konkurrierende Gruppen in der Gesellschaft zu unterdrücken bzw. auszuschließen. (CLOERKES 1997, S. 148 f.)

Einstellungen sind demzufolge individuell und gesellschaftlich bedingt. Eine große Rolle bei der Ausprägung von Einstellungen spielt dabei, welcher Art die Behinderung eines Menschen ist bzw. wie sehr sie sichtbar ist und wie stark die jeweilige Beeinträchtigung bei der Teilnahme an gesellschaftlich hoch bewerteten Tätigkeiten ist.

Da es außerdem von Bedeutung ist, wie oft jemand mit behinderten Menschen in Kontakt steht, muss eine allgemeine Einstellung gegenüber einer Behinderung nicht immer auf den einzelnen behinderten Menschen zutreffen.

Gibt es eine Spezifik der Einstellung gegenüber behinderten Kindern im Gegensatz zu behinderten Erwachsenen? Man kann darüber in entsprechenden Fachbüchern bisher wenig Auskunft erhalten. Es ist jedoch anzunehmen, dass vor allem auch die Einstellung gegenüber Kindern und Kindheit allgemein Einfluss auf die Einstellung gegenüber Kindern mit Behinderung hat. An dieser Stelle kann lediglich erwähnt werden, dass im pädagogischen Alltag relativ häufig Befürchtungen für die erwachsene Zukunft behinderter Kinder laut werden in dem Sinne, dass ein behindertes Kind »noch niedlich« und klein/leicht ist, später jedoch dieser »Bonus« entfällt. Interessant darüber hinaus ist die Frage, ob Kinder ohne Behinderung bereits eine eigene Einstellung gegenüber Behinderung haben.

Maria KRON (KRON 1988) verweist darauf, dass es zwar keinen eindeutigen Zusammenhang zwischen Alter und Einstellung gegenüber Behinderung gibt, dass aber bei Vorschulkindern davon ausgegangen werden kann, dass Einstellungen gegenüber Behinderung und behinderten Menschen bis ins Schulalter hinein zumindest instabil sind. Während Kinder bis zu etwa drei Jahren noch keine eindeutige Antipathie äußerten, weisen verschiedene Untersuchungen darauf hin, dass sichtbare/spürbare Behinderungen auch schon von Vorschulkindern tendenziell eine negative Bewertung erfahren, wobei hier keinesfalls eindeutig auf eine feststehende Einstellung gegenüber behinderten Kindern geschlossen werden kann.

Insgesamt nähern sich Kinder den Einstellungen Erwachsener an – sie übernehmen die gesellschaftlichen Werte und Normen, die ihnen von Erwachsenen vermittelt bzw. vorgelebt werden. Auf Grund der Tatsache, dass gesellschaftliche Werte und Normen grundsätzlich konstant sind, jüngere Kinder jedoch noch keine feste, endgültige Vorstellung von diesen Werten und Normen haben, sollte nach Meinung von KRON die individuelle Auseinandersetzung mit Werten und Normen von verschiedenen, widersprüchlichen Aspekten geprägt sein, um Kindern zu ermöglichen, sich Einstellungen gegenüber behinderten Menschen anzueignen, die nicht Kopien der Einstellungen Erwachsener sind.

Ein integratives Lern- und Lebensumfeld bietet dafür günstige Voraussetzungen.

So kann z. B. die allgemein gültige Norm »man darf andere nicht schlagen« in der Auseinandersetzung mit einem behinderten Kind mit aggressivem Verhalten neue/andere Bedeutung erlangen.

Ist Einstellung gleich Verhalten? Wie verhalten sich Erzieherinnen, Eltern, Therapeutinnen und Kinder?

Einstellungen gegenüber behinderten Menschen beeinflussen zwar unser *Verhalten* ihnen gegenüber, müssen jedoch nicht mit ihm übereinstimmen.

GOFFMAN beschrieb das tatsächliche Verhalten gegenüber behinderten Menschen als »Arbeit der sorgsamen Nichtbeachtung« (GOFFMAN 1996, S. 56). Wir versuchen, uns ihm gegenüber wie gegenüber einem »normalen« Menschen zu verhalten, auch wenn wir zutiefst davon überzeugt sind, dass er nicht »normal« ist.

Die Mehrheit der Menschen innerhalb einer Gesellschaft ist bestrebt bzw. spürt einen gesellschaftlichen Druck, sich »sozial erwünscht« bzw. der verspürten gesellschaftlichen Moral entsprechend zu verhalten, wobei sie sich durch gezielte soziale Maßnahmen und durch das soziale Verhalten der Öffentlichkeit bestätigt fühlt (Gesetzgebungen für behinderte Menschen, Darstellung von Toleranz als positiver Eigenschaft im Schulunterricht, Hilfsaktionen und Spendenaufrufe, positive Darstellung von Projekten mit behinderten Menschen in den Medien, Sanktionierung von intolerantem Verhalten gegenüber Minderheiten durch verschiedene gesellschaftliche Gruppierungen). Dies bedeutet jedoch nicht, dass sie zugleich ihre zutiefst verankerte, eventuell gegensätzliche (private) Einstellung gegenüber Behinderung aufgeben.

In Untersuchungen von Gabriele KLEIN/Gisela KREIE/Maria KRON/Helmut REISER wird außerdem deutlich, dass das jeweilige Verhalten eines Menschen abhängig ist von seiner derzeitigen psychischen Befindlichkeit und dass er sich deshalb eventuell trotz bleibender Einstellung zu Behinderung gegenüber verschiedenen behinderten Menschen zu verschiedenen Zeiten unterschiedlich verhalten wird – je nachdem, welche Gefühle das Verhalten eines behinderten Menschen bei ihm auslöst und in welchem Verhältnis er zu ihm steht (vgl. KLEIN u. a., 1987).

Die Diskrepanz zwischen Verhalten und erworbenen Einstellungen gegenüber behinderten Menschen gestaltet die Begegnung zwischen Menschen mit und ohne Behinderung zu einer Situation, die oft »gespannt, unsicher und zweideutig für alle Teilnehmer« ist (GOFFMAN 1996, S. 56).

CLOERKES spricht von einer »gestörten Interaktion« zwischen Menschen mit und ohne Behinderung, die u.a. soziologisch oder psychologisch beschrieben werden kann: Soziologische Erklärungsansätze sehen Gründe für Störungen im Streben nach »Scheinnormalität« (Übersehen des »Unnormalen«), in der Wahrnehmung der Behinderung als einziges Statusmerkmal des Menschen mit Behinderung, in der Unkenntnis von Verhaltensregeln gegenüber einem Menschen mit einer Behinderung sowie im scheinakzeptierenden Verhalten (sozial erwünschtes statt »echtes« Verhalten).

Psychologische Ansätze gehen von Angst als bestimmendes Gefühl in der Interaktion mit behinderten Menschen aus: Schuldangst wegen unerlaubter Ablehnung führt zu Abwehr des behinderten Gegenübers; magische Angst vor Tod und Ansteckung führt zu Kontaktvermeidung und Angst vor Fremdem und Andersartigem führt zu unangenehmen Dissonanzen in der Interaktion, die nicht ohne weiteres aufgelöst werden können (CLOERKES 1997, S. 81 ff.).

Inwieweit treffen diese Feststellungen nun auf Menschen zu, die häufigen Kontakt mit behinderten Menschen haben? Wie bereits erwähnt, ist die Einstellung gegenüber behinderten Menschen auch abhängig von der Häufigkeit der Kontakte mit ihnen. CLOERKES sagt einschränkend, dass allein quantitative Häufigkeit jedoch keine (positive) Einstellungsänderung bedeuten muss, dass sie sogar Vorurteile verstärken kann (vgl. CLOERKES 1997, S. 121).

Geht man davon aus, dass es sich bei Kontakten im integrativen Umfeld eines behinderten Kindes um qualitative, persönliche Kontakte handelt, so ist zu fragen, wie sich diese Kontakte gestalten und welche besondere Qualität sie evtl. aufweisen.

Da in der verfügbaren Literatur, die sich mit der Realität von Integration in Kindergärten beschäftigt, keine oder nur ungenügende Hinweise auf das Problem Einstellung – tatsächliches Verhalten zu finden sind, werden im Folgenden lediglich in verschiedenen Untersuchungen festgestellte Verhaltensweisen von Menschen beschrieben, die in ihrem beruflichen oder persönlichen Alltag mit behinderten Kindern in Kontakt kommen. Rückschlüsse auf die zu Grunde liegende Einstellung sind teilweise möglich, lassen sich jedoch nicht eindeutig belegen.

Den Hinweis von CLOERKES, dass auch Pädagoginnen (Sonderpädagoginnen) nicht frei von »ungünstigen« Einstellungen gegenüber behinderten Kindern sind, ist auf die Einstellungen von (Integrations-) Erzieherinnen nicht ohne weiteres übertragbar.

Im Rahmen einer von Anton ANGERER u. a. durchgeführten umfangreichen Befragung von ca. 300 Erzieherinnen im süddeutschen Raum zeigten rund 90 % der Befragten »sozial akzeptierende Handlungsintentionen« gegenüber behinderten Kindern, die jedoch keine eindeutigen Rückschlüsse auf eine insgesamt positive Einstellung gegenüber Behinderung zulassen (ANGERER 1994, S. 230 f.).

Eine Stichproben-Umfrage unter 44 Erzieherinnen in Stuttgart von Wolfram WOLF-WEDIGO ergab ebenfalls, dass die meisten Erzieherinnen sich grundsätzlich für die Integration behinderter Kinder aussprechen (vgl. WOLF-WEDIGO 1995, S. 218 ff.).

3.1 Verhalten von Erzieherinnen

Erzieherinnen in Integrationseinrichtungen sind zuallererst Erzieherinnen, die ganz bestimmte Fähigkeiten und Fertigkeiten, Erfahrungen, Einstellungen, ein Berufsethos und eine private Biografie in den Prozess der Integration einbringen. Sie sind für die Kinder »Ersatzmutter« für die Zeit der Abwesenheit von Mutter und Vater und sind so über ihre berufliche Qualifikation hinaus persönlich »verwoben« mit den von ihnen betreuten Kindern. Bei aller integrationspädagogischen Qualifikation sollte dies nicht ignoriert werden.

Erzieherinnen in integrativen Einrichtungen gaben zwar häufig selbst den Anstoß zu integrativer Arbeit, aber oft wurden sie auch durch Eltern behinderter Kinder, Fachleute aus Kliniken und Schulen und durch lokale Initiativen (Gesundheitsamt, Jugendamt, Vereine) zu integrativer Arbeit aufgefordert. Dabei spielten in den meisten Fällen äußere Faktoren (Erweiterung des Arbeitsbereiches, sinkende Kinderzahlen, Defizite bei der

Versorgung behinderter Kinder) eine Rolle, aber auch die inneren Überzeugungen und Weltanschauungen der einzelnen Erzieherinnen. Es gibt in integrativ arbeitenden Einrichtungen bzw. Gruppen in der Regel einerseits Erzieherinnen, die ehemals in Sondereinrichtungen gearbeitet haben, andererseits Erzieherinnen, die vorher noch nie oder selten Kontakte mit behinderten Kindern hatten. Da beide gleichermaßen für integrative Gruppenarbeit offen waren, lässt sich u. E. nicht ohne weiteres eine unterschiedliche Einstellung gegenüber Behinderung ableiten im Sinne CLOERKES' (1997), dass häufiger (persönlicher) Kontakt die Einstellungen positiv beeinflusst.

Nach Wolfgang DICHANS ist das Verhalten der Erzieherinnen grundsätzlich dadurch geprägt, dass sie für integrative Arbeit über das organisatorische Maß hinaus motiviert sind und diese persönlich als Bereicherung erleben. Es kann hier von einer positiven Grundhaltung gegenüber Integration ausgegangen werden, die eine positive Haltung gegenüber behinderten und nicht behinderten Kindern voraussetzt. Darüber hinaus verfügen Erzieherinnen in Integrationseinrichtungen oft über überdurchschnittliches Wissen und zum Teil über umfangreiche Erfahrungen in Bezug auf Behinderung und behinderte Kinder (vgl. DICHANS 1993). Es ist jedoch zugleich davon auszugehen, dass aktuell in Einrichtungen, die zur Integration quasi gesetzlich verpflichtet werden, abwehrende Haltungen anzutreffen sind.

DICHANS weist außerdem darauf hin, dass auch Erzieherinnen in Integrationseinrichtungen gesellschaftlich relevante Einstellungen gegenüber Behinderung verinnerlicht haben und sich dieser Tatsache bewusst werden mussten. »Behindert« und »nichtbehindert« kann auch in ihrem Verhalten gegenüber den Kindern zum Etikett werden, das unterschiedlichen Umgang mit behinderten bzw. nicht behinderten Kindern rechtfertigt (ebd., S. 212 ff.).

DICHANS beschreibt, dass sich Erzieherinnen in diesem Sinne bemühten, von der Zuschreibung »behindert – nichtbehindert« abzukommen und stattdessen **jedes** Kind, also nicht nur das behinderte, als gleich bedeutsamen Teil der Gruppe zu sehen (ebd., S. 74).

Dies würde bedeuten, dass man dem Wissen und der Information über Behinderung nur eine relative Bedeutung beimisst und stattdessen dieses Wissen als Bereicherung für das Wissen über die vielfältigen Fähigkeiten und Möglichkeiten von Kindern überhaupt ansieht.

Der individuelle Umgang mit dem Wissen über Behinderung ist entscheidend für die Qualität der Beziehung, die zum entsprechenden Kind eingegangen wird.

Im täglichen Kontakt mit behinderten Kindern beschreiben Erzieherinnen Probleme, die sich aus dem Gegensatz von rationalem, pädagogischem Anspruch (»So muss ich mich verhalten«) und emotionaler Befindlichkeit (»Ich kann/will mich nicht so verhalten«) ergeben: Die Kinder werden zwar so angenommen wie sie sind und zum Teil dafür bewundert, zugleich löst ihr Sosein negative Gefühle aus, weil es belastende Situationen mit sich bringt, die den eigenen Verhaltensvorstellungen widersprechen und dieselben in Frage stellen.

Die Erzieherinnen stehen vor dem Problem, in einer »sozial erwünschten« Einrichtung, in der sie glauben, sich dementsprechend den Kindern und anderen Erzieherinnen gegenüber verhalten zu müssen, trotzdem ambivalente Gefühle zu haben. Gefühle, die auch von Angst und Aggressionen gegenüber den behinderten Kindern geprägt sind.

Die Auseinandersetzung mit diesen ambivalenten Gefühlen beschreibt DICHANS als einen Lern-Prozess der Auseinandersetzung mit der eigenen Biografie, des Sich-Bewusst-Werdens der Verwobenheit von Teilen der eigenen Person mit der Person des behinderten Kindes (vgl. DICHANS 1993, S. 215 f.). Umfangreiche Hinweise zur Ambivalenz der Gefühle im Prozess der Auseinandersetzung mit dem Verhalten behinderter Kinder finden sich auch bei KLEIN/KREIE/KRON/REISER (vgl. KLEIN u. a. 1987, S. 303 ff.).

Als grundsätzliche bzw. erste Reaktion der Erzieherinnen wird die Feststellung »Behinderung verunsichert mich« gesehen. Das Kind reagiert im Umfeld Kindergarten anders als andere Kinder, wirft evtl. das Konzept der Erzieherin »über den Haufen«, stellt ihre bisherigen Auffassungen und pädagogischen Überzeugungen in Frage.

Zum einen kann die Hilflosigkeit vor allem schwerer behinderter Kinder bei der Erzieherin Bemutterungs- und Festhalte- Fantasien auslösen und das Kind zum Objekt werden lassen, zum anderen können die Schwierigkeiten, die ein behindertes Kind bereitet, die Erzieherin zum Loslassen bewegen, zu der Haltung, das Kind gehöre eigentlich nicht hierher und die Bewältigung der Schwierigkeiten sei nicht Aufgabe der Erzieherin. Gleichzeitig kann die Reaktion des Kindes auf das Verhalten der Erzieherin die Beziehung der Erzieherin zum Kind beeinflussen bzw. erschweren. Eine Zurückweisung seitens des Kindes kann als Kränkung erlebt werden, die durch Distanz verarbeitet wird (z. B. die Auffassung, das Kind sei zu anspruchsvoll, weshalb man ohne schlechtes Gewissen Ansprüche des Kindes verweigern kann). Dem gegenüber kann eine kindliche Zuwendung zur Erzieherin für sie Bestätigung ihrer Bemutterungs-Disposition sein (z. B. die Vorstellung, dass das Kind die Erzieherin braucht und nur durch sie eine Erfüllung seiner Bedürfnisse erfahren kann).

Ein schwerstbehindertes Kind z. B., das fortwährend schreit, kann die Erzieherin dazu bewegen, sich diesem Kind in besonderer Ausschließlichkeit zu widmen, da sie die Unfähigkeit des Kindes, sich adäquat auszudrücken, zutiefst anrührt und dazu motiviert, seine Bedürfnisse zu erkunden. Reagiert das Kind positiv, so wird die Erzieherin in der Freude darüber, (als Einzige) die Botschaften des Kindes (vermeintlich) verstehen zu können, ihr Verhalten fortsetzen und so eine besondere Abhängigkeit fördern. Rea-

giert das Kind durch weiteres Schreien, so könnte dies bewirken, dass die Erzieherin mit Gedanken wie »das Kind ist verwöhnt/soll ruhig mal schreien« oder »für so was bin ich nicht ausgebildet« reagiert.

In der Wahrung der Balance zwischen »Schützenwollen« und »Loslassenkönnen« sehen KLEIN/KREIE/KRON/REISER ein wichtiges Charakteristikum der Beziehung der Erzieherinnen zu behinderten Kindern. Nur durch Reflexion der eigenen Gefühle (wie eventuell starke Ablehnung oder starke Zuneigung gegenüber einem behinderten Kind) wird die Wahrung einer solchen Balance möglich.

Hintergrund solcher Überlegungen ist die Notwendigkeit, behinderten und nicht behinderten Kindern authentisch und vorbildhaft gegenüberzutreten und so originäre integrative Prozesse, die zwischen den Kindern entstehen, nicht zu behindern. Besondere Beachtung muss die Tatsache finden, dass nicht behinderte Kinder durch Fragen an und Beobachten von Erzieherinnen wichtige Impulse für die Gestaltung ihrer Kontakte zu behinderten Kindern erhalten und umgekehrt behinderte Kinder durch eben solche Beobachtungen erfahren, welche Stellung ihnen innerhalb der Gruppe zugetraut/ zugeschrieben wird.

Das Verhalten der Erzieherinnen den behinderten Kindern gegenüber kann so als biografiebedingt ambivalentes beschrieben werden, das als solches fördernd wirken kann, wenn sich die Erzieherinnen mit dieser Ambivalenz auseinander setzen.

Fehlende Auseinandersetzung würde sich z. B. im von GOFFMAN beschriebenen Verhalten der »sorgsamen Nichtbeachtung« widerspiegeln.

3.2   Verhalten von Eltern

Das Verhalten von Eltern gegenüber ihrem behinderten Kind stellt sich dar als langwieriger Verarbeitungsprozess der Tatsache, dass ihr Kind behindert ist. Die sozialen Beziehungen zum Kind sind »überschattet« von seiner offensichtlichen Normabweichung, von seiner Unfähigkeit, die Normen, die es gerade erst kennen lernt, zu erfüllen. Es ist Träger eines – wie GOFFMAN es nennt – »angeborenen Stigmas«, das nicht nur die Eltern bemerken, sondern von dem sie wissen, dass es allgemein bemerkt wird.

Weitestgehend unabhängig davon, ob die Behinderung sofort nach der Geburt oder erst in einer späteren Phase der Entwicklung des Kindes festgestellt wird, lassen sich bei allen Eltern ähnliche Phasen der Verarbeitung erkennen, die von E. GUSKI wie folgt beschrieben werden (vgl. GUSKI 1980, S. 130 ff.):

• Erste Schockphase. Das Kind ist anders als erwartet und die Eltern sind unfähig, es so anzunehmen, wie es ist. Das Kind sieht sich seitens der Eltern mit Ablehnung konfrontiert. Diese Phase des Schocks bezeichnet GUSKI zugleich als Trauerphase, in der Abschied vom erwarteten (gesunden) Kind genommen wird. Die Auseinandersetzung mit der neuen Situation wird verdrängt bis hin zum Ignorieren der Tatsache, dass das Kind »behindert« ist.

• Zweite Schockphase. Die Eltern suchen Gründe dafür, dass gerade ihr Kind nicht normal ist (z. B. falsches Verhalten in der Schwangerschaft) und fühlen sich schuld an der Behinderung. Die Mutter fühlt sich verpflichtet, das Kind anzunehmen, kann es aber nicht – negatives, evtl. behinderungsbedingtes Verhalten des Kindes (Kommunikationsverweigerung, geringes Interesse an der Umwelt, häufiges Schreien, Verweigerung der Brust) wird auf ihre Ablehnung zurückgeführt. Die psychische Verfassung der Eltern in dieser Phase kann die soziale Entwicklung des Kindes schon jetzt stark beeinflussen. Erschwerend können sich zusätzlich entstehende Probleme (lange Krankenhausaufenthalte des Kindes, den Alltag beeinträchtigende Entwicklungsstörungen wie Schlaf- und Ernährungsstörungen, Konflikte der Eltern untereinander, Isolierung von der Umwelt) auswirken.

• Phase der Abwehr. Die Behinderung des Kindes wird nunmehr unabänderliche Realität für die Eltern. Sie reagieren mit übermäßiger Zuneigung (demonstrative Darstellung der elterlichen Liebe) oder Abwehr (Bagatellisieren der Behinderung, Ablehnung medizinischer Frühförderungsmaßnahmen), offener Ablehnung (Wunsch, das Kind möge sterben, verbunden mit Selbstmordgedanken) oder Ablösung (Einschränkung des emotionalen Kontaktes zum Kind unter verschiedenen Vorwänden). Da die Beziehungen der Eltern zu ihrem Kind aus der Sicht des Kindes davon abzuhängen scheinen, ob es die Forderungen seiner Eltern nach mehr Normalität erfüllen kann, erlebt das Kind sie als instabil. Bei Nichterfüllung der scheinbaren Normen droht ihm Beziehungsverlust.

• Den verschiedenen Abwehrmustern gegenüber steht die Fähigkeit, nach dem Erleben der ersten beiden Phasen sich mit der Tatsache, dass das Kind behindert ist, bewusst auseinander zu setzen. Diese Auseinandersetzung wird erschwert durch die geringe gesellschaftliche Akzeptanz des behinderten Menschen und ist ein Prozess, der in verschiedenen Phasen der Annäherung die gesamte Kindheit und Jugend des behinderten Kindes durchzieht.

Wie bereits angedeutet wurde, bleibt der Prozess der Auseinandersetzung mit der Behinderung des Kindes seitens der Eltern nicht ohne Einfluss auf die Gestaltung der Beziehungen zum Kind und hat zugleich Bedeutung für die soziale Entwicklung des Kindes.
Die Realität seiner sozialen Beziehungen im Kindergarten kann also nicht

losgelöst von seiner »häuslichen« Biografie betrachtet werden, und die Berücksichtigung elterlicher Erfahrungen und Problemsichten (nicht nur der Eltern von behinderten Kindern!) kann in diesem Sinne bedeutsam sein für die Gestaltung von Kontakten zwischen Kindern mit und ohne Behinderung. Gerade in dem frühen Alter, in dem behinderte Kinder oft in den Kindergarten kommen, ist davon auszugehen, dass deren Eltern sich noch mitten in einem schwierigen Auseinandersetzungsprozess befinden und oft besonders sensibel und vielleicht anders als andere Eltern auf (gut gemeinte) Hinweise und Vorschläge der Erzieherinnen reagieren.

3.3   Verhalten von Therapeutinnen

Jedes Kind, bei dem eine Behinderung festgestellt wurde, hat je nach Art und Umfang der Behinderung einen Anspruch auf angemessene Therapien. Dieser Anspruch wird in der Regel auch wahrgenommen, da den Eltern die optimale Förderung ihres Kindes am Herzen liegt. Therapien werden per Rezept verordnet und zeitlich und räumlich festgelegt. Das Kind ist Patient des Therapeuten. Im Ansatz verfolgen Therapien das Ziel, Defekte zu kompensieren oder zu beheben und Defizite zu verringern oder zu beseitigen.

Therapie spielt je nach Umfang der Behinderung manchmal eine dominierende Rolle im Leben der Kinder, und oft wird der pädagogische Alltag zu einem therapeutischen und eigentlich pädagogische Handlungsfelder werden therapeutisiert (Schwimmen wird zur Schwimmtherapie, Musik zur Musiktherapie, Essen zur Esstherapie usw.).

Der Einsatz von Therapien bzw. Therapeutinnen im Integrationskindergarten ist eine Reaktion darauf, dass es Kinder mit Behinderungen gibt. Anders als beim Ansatz der pädagogischen Fachkräfte, die davon ausgehen, dass es behinderte **und** nicht behinderte Kinder gibt, steht im Mittelpunkt des therapeutischen Interesses nur ein Teil der Kinder, nämlich die behinderten Kinder. Zugleich rückt so neben den pädagogischen Anspruch im Kindergarten ein medizinischer, psychologischer oder psychiatrischer, der evtl. dem pädagogischen widersprechen oder ihn zumindest auch nicht ergänzen kann.

In einem Modellprojekt zum Situationsansatz (vgl. DICHANS 1993) wird diese Tatsache von Erzieherinnen thematisiert und es werden Probleme aufgezeigt:

– Neben ihrer ganzheitlichen Auffassung vom Kind steht die therapeutische Sicht auf die einzelnen Funktionen des Menschen.
– Während die Erzieherinnen an den Fähigkeiten und Fertigkeiten der Kinder anknüpfen, konzentrieren sich Therapeutinnen auf Defizite und deren Behebung.
– Ziel der Erzieherinnen ist es, die behinderten Kinder im Austausch mit

anderen Kindern zur Teilnahme am Gruppenalltag zu befähigen – die Therapeutinnen behandeln die Kinder aber in der Regel außerhalb der Gruppe.
– Die Therapeutinnen haben feste zeitliche und räumliche Vorgaben, sodass eine flexible, situationsangemessene Arbeitsweise der Erzieherinnen erschwert wird. Im ungünstigsten Fall werden sie zu Managern des Therapiealltags ihrer Kinder (DICHANS 1993, S. 283 ff.).

Für die Beziehungen des Kindes mit Behinderung kann dies heißen: Verstärkte Wahrnehmung der eigenen Defizite im Unterschied zu den Kindern ohne Defizite, also ohne Therapie; Herausgerissen-Werden aus dem Gruppenalltag, aus Beschäftigungen mit anderen Kindern und Notwendigkeit der Anpassung nicht nur an pädagogische, sondern auch an therapeutische Strukturen (Regelmäßigkeit, Wiederholung, zeitliche und räumliche Begrenztheit).
Für die Erzieherinnen wurde die Auseinandersetzung mit diesen Problemen in zahlreichen integrativ arbeitenden Kindergärten wichtiger Bestandteil ihrer pädagogischen Arbeit, und gemeinsam mit den Therapeutinnen wurden Wege gesucht, Erziehung und Therapie im Kindergartenalltag nicht als Gegensatz, sondern als Einheit zu verwirklichen. Dazu wurde es notwendig, die Ziele von Therapie zu überprüfen und im integrativen Sinne neu zu bestimmen: Therapie sollte vom Kind nicht mehr als Sondersituation erlebt werden, sondern als individuelle Notwendigkeit zur Erlangung von mehr Selbstständigkeit und Autonomie innerhalb der Kindergartengruppe. Die Therapeutinnen sollten sich am Prinzip der Ganzheitlichkeit orientieren und nicht nur medizinische, sondern auch psychosoziale Aspekte in ihre Arbeit einbeziehen. Wenn auch Therapien im Einzelfall außerhalb der Gruppe Berechtigung haben, so sollten doch viel mehr geeignete Situationen im Gruppenablauf dazu genutzt werden, therapeutisches Wissen und Können als situationsbezogene Hilfe und Unterstützung anzubieten.
Behinderte Kinder haben so die Chance, Therapie als logische Hilfestellung für ihren (ganz gewöhnlichen) Alltag zu erleben, als Unterstützung, die allen Kindern zuteil wird und die auch ausdrücklich an alle Kinder gerichtet ist. Nicht behinderte Kinder werden als gleichberechtigte Partner einbezogen, die auch noch einiges dazulernen können und müssen. Gegenseitige Toleranz gegenüber den Stärken und Schwächen des anderen kann so gezielt gefördert werden.
Ein flexiblerer Einsatz der Therapeutinnen ist dafür Voraussetzung – dies bedeutet, dass Therapeutinnen ihre Anwesenheit im Kindergarten als individuell mit den Erzieherinnen planbaren Rahmen sehen und situationsbezogen entscheiden können, wo und wie sie mit den Kindern arbeiten. Therapeutinnen können so ihr Verhalten gegenüber behinderten Kindern »normal« gestalten und werden nicht in die Rolle eines »Trainers« oder

»Entertainers« gedrängt. Therapie kann die Wahrnehmung der eigenen Behinderung negativ verstärken, sie kann aber auch das Gefühl verstärken, durch gezielte Hilfen in einer sozialen Gemeinschaft leben und lernen zu können und als (tolerantes) Individuum mit ganz bestimmten Eigenschaften Beziehungen zu anderen (toleranten) Individuen aufnehmen zu können. (Weitere Aspekte zum Thema finden Sie im Kapitel 5.4.)

3.4   Verhalten von Kindern

CLOERKES beschreibt die Reaktion von Kindern auf (sichtbar) behinderte Menschen als »originäre« Reaktion, als (noch) unbefangene Wahrnehmung des Unbekannten. In diesem Verhalten (Anstarren, Ansprechen, Angst äußern), das keine unmittelbare Ablehnung beinhaltet, sieht CLOERKES eine Chance zur Normalisierung der Beziehungen zwischen Kindern mit und ohne Behinderung (CLOERKES 1997).

Maria KRON weist im Rahmen ihrer Untersuchung darauf hin, dass jüngere Kinder das behinderte Kind noch nicht als Fremden wahrnehmen, sondern als bisher unbekannte Variante von Vertrautem. Ursachen hierfür sieht sie zum einen in dem noch stark egozentrisch geprägten Weltbild (Unbekanntes wird mit Eigenem gleichgesetzt), zum anderen darin, dass die Zeitperspektive sich im frühen Kindesalter erst allmählich entwickelt und die Vorstellung z. B. von »nie« oder »immer« noch nicht ausgeprägt ist (vgl. KRON 1988, S. 83).

So erklären sich kleinere Kinder eine sichtbare Behinderung oft als Krankheit (z. B. blind = ein »Aua« an den Augen), die vorübergeht (Morgen kann er/sie wieder sehen.).

Entwicklungspsychologische Ansätze weisen darauf hin, dass Kinder im frühen Kindesalter nicht mehrere Eigenschaften ihres Gegenübers zugleich wahrnehmen können. In diesem Sinne ist davon auszugehen, dass sie die Behinderung eines Menschen immer nur in gerade interessierenden »Teilstücken« wahrnehmen und darauf entsprechend reagieren (vgl. Thomas MURYA 1992).

Geht man davon aus, dass sich Erzieherinnen zum Ziel ihrer integrationspädagogischen Bemühungen gemacht haben, das behinderte Kind **nicht mehr** als »behindertes« im Gegensatz zum »nicht behinderten« zu betrachten, so kann die Fähigkeit der Kinder, Behinderung im o. g. Sinne **noch nicht** als etwas der »Nichtbehinderung« Gegensätzliches zu erkennen, als Ausgangspunkt der Bemühungen genutzt werden. Kinder im frühen Kindesalter verfügen über eine Kompetenz, die Erzieherinnen nicht erwerben können: Sie sehen das behinderte Kind vor jeder kognitiven Erkenntnis über Behinderung.

Berücksichtigt werden muss jedoch, dass nicht behinderte Kinder, die regelmäßigen Kontakt mit behinderten Kindern haben, spätestens im Vorschulalter über einiges Wissen über Behinderung verfügen – Wissen, das sie sich einerseits durch Beobachtung der verschiedenen behinderten Kinder und andererseits durch Beobachtung der Reaktionen ihrer Erzieherinnen und auch ihrer Eltern angeeignet haben.

Dieses Wissen, das auch Ansätze zu einer bestimmten Einstellung beinhalten kann, kann für die Kontakte, die diese Kinder zu behinderten Kindern aufnehmen, von Bedeutung sein.

M. KRON erwähnt, dass Kinder auch schon im Vorschulalter mit der Information darüber, dass jemand »behindert« sei, ganz bestimmte Vorstellungen/ Erwartungen verknüpfen können: »›Behindert‹ ist allerdings auch schon für sie eine Bezeichnung, die in weitestem Sinne mit Besonderheiten der als behindert bezeichneten Menschen verbunden wird. Sie lernen das Wort ja gerade in Zusammenhängen kennen, in denen über bestimmte Personen oder deren Fähigkeiten in dieser Art gesprochen wird.« (KRON 1988, S. 72)

In welcher Art und Weise der Begriff der Behinderung für ein Kind sinnvoll wird, hängt also von der Art der Verwendung ab.

DICHANS (1993) schildert, dass die Reaktion von nicht behinderten Kindern auf behinderte Kinder »breit gestreut« ist, und auch KRON (1988) beschreibt sehr unterschiedliche Reaktionen. Behinderungen, bei denen die zu Grunde liegende Schädigung für die Kinder nicht sichtbar ist, werden (scheinbar) überhaupt nicht als solche wahrgenommen. Sichtbare Schädigungen werden anders wahrgenommen als von Erwachsenen und erfahren oft eine Deutung, die sich auf die individuellen Erfahrungen der Kinder stützt.

Es gibt Kinder, die häufigen Kontakt zu behinderten Kindern suchen, andere scheinen Kontakt eher zu meiden. Bestimmte Verhaltensweisen von behinderten Kindern wie z. B. Schreien, Sabbern, heftiges Umarmen oder (scheinbar) grundloses Schlagen können von nicht behinderten zunächst nur schwer toleriert werden. Vor allem neu in die Integrationsgruppe kommende nicht behinderte Kinder verhalten sich gegenüber Kindern mit solchem Verhalten ablehnend (vgl. KLEIN u. a. 1987, DICHANS 1993).

Begegnungen mit behinderten Kindern beschreibt Kron als Begegnungen, die sich in zwei verschiedenen Ebenen abspielen können: Entweder richtet sich das Interesse des Kindes direkt auf die Behinderung und das behinderte Kind und es setzt sich durch Nachfragen oder Nachahmen damit auseinander oder die Behinderung bzw. der Umgang mit dem behinderten Kind wird Auslöser von Handlungen, durch die sich das Kind mit seinen eigenen psychischen Erlebnissen auseinander setzt (z. B. Mutter-Baby-Spiele mit schwerer geschädigten Kindern) (vgl. KRON 1988, S. 78 f.).

Das Verhalten nicht behinderter Kinder gegenüber behinderten ist natürlich auch geprägt von ihrem altersspezifischen Verhaltensrepertoire. So

wird z. B. ein zweijähriges Kind dem gemeinsamen Spiel mit anderen –
nicht behinderten und behinderten – Kindern wesentlich weniger Aufmerksamkeit schenken als ein fünfjähriges. Das altersspezifische Sozialverhalten von Kindergartenkindern war und ist unter verschiedenen Aspekten häufiger Gegenstand von Untersuchungen. Beobachtet wurde u. a.
das Spielverhalten von Kindern, außerdem so genanntes prosoziales Verhalten sowie Aggressionsverhalten.

A. und C. KNIEL untersuchten, inwieweit sich das Verhalten behinderter
und nicht behinderter Kinder in verschiedenen Situationen (Spiel, proso-
ziale Interaktionen, Konfliktverhalten) unterscheidet. Sie kamen u. a. zu
dem Ergebnis, dass sich nicht behinderte Kinder aller Altersstufen im
Kindergarten gegenüber behinderten nicht grundsätzlich anders als gegenüber anderen nicht behinderten Kindern verhalten (vgl. KNIEL 1984).
R. STRÄTZ stellt in einer Übersicht von Untersuchungen zum Sozialverhalten von Kindergartenkindern zwar keine Untersuchungsergebnisse aus
Integrationsgruppen vor, weist jedoch auf Studien hin, wonach Kinder
bereits im Alter von drei Jahren deutliche Antipathien gegenüber Kindern zeigen, die sich aggressiv oder sonst »ungewöhnlich« verhalten oder
die Regeln nicht einhalten. Als überdurchschnittlich beliebt werden Kinder dargestellt, die sozial aktiv und eher »freundlich« und »brav« gegenüber Erzieherinnen sind (vgl. STRÄTZ 1986, S. 22).

KLEIN/KREIE/KRON/REISER beobachteten im Rahmen eines Modellversu-
ches in Hessen Interaktionen zwischen Kindern mit und ohne Behinderung weitestgehend unabhängig vom Alter der Kinder. Auf Grund ihrer
Beobachtungen systematisierten sie ihr Beobachtungsmaterial nach typischen Interaktionen. Beobachtet wurden einseitige Kontaktangebote behinderter oder nicht behinderter Kinder, die vom Interaktionspartner nicht
wahrgenommen oder nicht aufgegriffen wurden und komplexere Interaktionen zwischen verschiedenen Kindern mit und ohne Behinderung.
Nicht behinderte Kinder zeigen nach KLEIN u. a. ein breites Spektrum
von Verhaltensweisen gegenüber behinderten Kindern, das von Nichtbe-
achten über Zuwendung und Vereinnahmung bis hin zu gemeinsamen
Aktivitäten auf der Basis gemeinsamer Interessen reicht. Die verschiedenen Reaktionen auf behinderte Kinder beschreiben KLEIN u. a. auch als
Spiegel innerpsychischer Auseinandersetzung. So kann es zur Identifi-
kation mit dem behinderten Kind kommen, um eigene Zuwendungsbe-
dürftigkeit ausleben zu können. Ignoranz bzw. Ablehnung eines behinderten Kindes kann ihre Ursache im fehlenden Selbstbewusstsein des Kindes haben: es schottet sich gegen jede weitere Verunsicherung seines Selbst
ab und kann die Infragestellung der Normen durch das behinderte Kind
nicht ertragen. Nachahmen des behinderten Kindes kann aktive Auseinandersetzung mit dessen Fremdheit, die ergründet werden soll, sein. Über-
triebenes prosoziales Verhalten (Bemuttern) kann darauf hinweisen, dass
Kinder in erhöhtem Maße sozial angepasstes Verhalten anstreben.

Insgesamt sehen KLEIN u. a. in der Auseinandersetzung mit der Behinderung anderer Kinder eine Chance, eigene Wert- und Normvorstellungen positiv zu erweitern, neue Erfahrungen zu sammeln und Ängste und Aggressionen aktiv zu verarbeiten.

3.5 Verhaltensreaktionen von Kindern mit Behinderung

Der Alltag in einem Integrationskindergarten ermöglicht Kindern mit und ohne Behinderung vielfältige Erfahrungen nicht nur positiver Art. Für behinderte Kinder kann die Konfrontation mit den Folgen ihrer Behinderung auch zur schmerzlichen Erfahrung der eigenen Einschränkung und Abhängigkeit werden. Sie stoßen früher als andere Kinder an die Grenzen ihrer Möglichkeiten und müssen akzeptieren, dass sie z. B. bestimmte, evtl. beliebte Spiele nicht mitspielen oder zumindest nicht aktiv mitbestimmen können. Schwer körperlich beeinträchtigte Kinder erfahren im Integrationskindergarten eventuell erstmalig das Ausmaß der Abhängigkeit von anderen Menschen und deren Wollen (vgl. DICHANS 1993, S. 164 ff.). Reaktionen auf solche frustrierende Situationen können Ausweichen auf andere Spiel- und Erlebnismöglichkeiten, Aggressionen gegen andere oder sich selbst oder Sich-Zurückziehen sein.

KLEIN/KREIE/KRON/REISER beschreiben als eine weitere mögliche Reaktion auf das eigene Unvermögen die Übernahme von Rollen innerhalb der Gruppe, die ihnen ein Verbergen bzw. »Ungeschehen-Machen« ihrer Behinderung erlauben. Darüber hinaus können behinderte Kinder durch häufige Verletzung von Regeln oder extreme Anpassung an dieselben ihr Unvermögen, sie zu erfüllen, kompensieren.

U. HEIMLICH (1995) beobachtete behinderte Kinder hinsichtlich ihres Spielverhaltens. Es zeigte sich, dass die behinderten Kinder auch ohne gezielte Fördermaßnahmen in einem hohen Maße am Gruppengeschehen beteiligt sind. Ihre Art der Kontaktaufnahme zu anderen Kindern und ihr Spielverhalten unterschied sich grundsätzlich nicht von dem nicht behinderter Kinder. Problematisiert wird der Übergang behinderter Kinder vom reinen Individualspiel zu partner- und gruppenbezogenen Spielen. Behinderte Kinder benötigen eher die Hilfe von Erwachsenen, um zu kooperativen Spielformen zu gelangen. Hier sieht HEIMLICH einen Ansatz zur Förderung integrativer Kontakte zwischen behinderten und nicht behinderten Kindern (vgl. HEIMLICH 1995, S. 270).

A. und C. KNIEL (1984) kamen bei ihrer Beobachtung des Spielverhaltens von behinderten Kindern ebenfalls zu dem Ergebnis, dass behinderte Kinder häufiger allein und auch häufiger mit einer Erzieherin spielen. Im Übrigen gehen sie jedoch im Spiel dieselben partnerschaftlichen Beziehungen ein wie nicht behinderte Kinder.

Auch hinsichtlich ihres Gesamtverhaltens sind nach KNIEL behinderte Kinder eher erwachsenenorientiert, sind aber zugleich gleichberechtigte Interaktionspartner für die nicht behinderten Kinder. Weder ihr prosoziales noch ihr Konfliktverhalten unterscheidet sich auffällig von dem nicht behinderter Kinder (so genannte schwerstbehinderte Kinder waren in die Untersuchung nicht einbezogen).

Behinderte Kinder sind nicht, wie manchmal Eltern von nicht behinderten Kindern befürchten, nur die Nehmenden. Verschiedene Untersuchungen zeigten, dass sie durchaus über Fähigkeiten verfügen, die sie für nicht behinderte zum attraktiven Partner werden lassen. Das Verhalten behinderter Kinder – so der Tenor der Untersuchungen – ist in erster Linie das Verhalten von Kindern mit individuellen Fähigkeiten und Möglichkeiten.

3.6 Zur besonderen Situation schwerstbehinderter Kinder

Kinder mit schweren Bewegungs- und Spracheinschränkungen stehen beim Versuch einer Kontaktaufnahme zu anderen Menschen vor besonderen Problemen. Auf Grund ihrer Unfähigkeit, eigenständig ihre räumliche Lage zu verändern und ihre Bedürfnisse mit Mitteln der Sprache deutlich zu machen, sind sie grundsätzlich darauf angewiesen, dass andere auf sie zugehen und sich um eine Verständigung mit ihnen bemühen. Ihre Bedürfnisse werden, sofern sie nicht zu eindeutigen Reaktionen in der Lage sind, immer von anderen interpretiert.

Das Angewiesensein auf umfangreiche Hilfe selbst bei einfachsten Tätigkeiten macht es ihnen äußerst schwer, aktiv an der Gestaltung ihres sozialen Alltags mitzuwirken – sie müssen das jeweilige Verhalten ihrer Bezugspartner (Eltern, Erzieherinnen, Therapeutinnen, Kinder) ohne oder nur mit geringer Möglichkeit der Einflussnahme über sich ergehen lassen. Sie können weder einfach aufstehen und weggehen noch ihren Partner dazu zwingen, dazubleiben.

Ihre Versuche, Kontakt zur Umwelt aufzunehmen, bestehen oft in kleinen, scheinbar bedeutungslosen Regungen: Ein ausgestoßener Laut, ein Lächeln, eine Armbewegung, Blickkontakt, eine Körperdrehung. Das Verstehen solcher Äußerungen erweist sich als schwierig, und besonders in der Kommunikation mit solchen Kindern sind nichtbehinderte Kinder auf interpretierende Hilfe, Erklärungen und Vorbild der erwachsenen Bezugspersonen angewiesen. Der Umgang mit Kindern mit schweren Beeinträchtigungen verlangt von anderen Kindern und Erzieherinnen im besonderen Maße ein Sich-hinein-Versetzen in das Anderssein des jeweiligen Kindes. Besonders diejenigen Erzieherinnen, die für das schwerstbehinderte Kind eine zentrale Bezugsperson sind, müssen sich ihrer besonderen Verantwortung bewusst sein.

B. FORNEFELD fordert dazu auf, das schwerstbehinderte Kind als »Fremden in der Nähe« (FORNEFELD 1995, S. 149) und Fremdheit als »Charakteristikum eines jeden Menschen« (ebd.) zu begreifen. Indem die Erzieherin die Fremdheit bzw. Individualität dieses wie auch jedes anderen Kindes akzeptiert, kann sie zu ihm eine Beziehung aufbauen, die Nähe und Distanz zulässt und die durch Respektieren der Andersartigkeit und Sensibilität gegenüber den Ausdrucksformen dieses Kindes gekennzeichnet ist.

Da schwerstbehinderte Kinder mehr als alle anderen in enger Beziehung zu einer oder mehreren Erzieherinnen stehen, müssen Möglichkeiten der Kommunikation auch außerhalb des Einflussbereiches der Erzieherin bewusst geschaffen und gefördert werden.

Einige Schlussfolgerungen zum Verhalten gegenüber Kindern mit Behinderungen

• Kinder mit Behinderungen lernen sich selbst als vollkommenen Menschen kennen. Erst in der Auseinandersetzung mit der Umwelt erfahren sie, dass sie den Normen, die sie gerade erst kennen lernen, nicht entsprechen. Mit ihrer Zuordnung zum Personenkreis der »Behinderten« entsprechend §39 BSHG wird diese Erfahrung manifestiert, und die Tatsache, »behindert« zu sein, eilt oft ihrem eigenen Erscheinen in sozialen Situationen voraus.

• Kinder mit Behinderungen werden dadurch zu Kindern, die scheinbar in soziale Situationen erst »hinein-integriert« werden müssen. Ihre Ausgangsposition in einer sozialen Situation – wie z. B. ihre Aufnahme in einen Kindergarten – ist so oft eine Sonderposition. Wie diese »äußere« Situation der Kontaktaufnahme gestaltet und weiterentwickelt wird, trägt entscheidend dazu bei, wie ein Kind mit Behinderung sich und seine Umwelt wahrnimmt und auf welche Weise Kontakte zwischen ihm und nicht behinderten Kindern entstehen.

• Im Verhalten der Erzieherinnen, Eltern und Therapeutinnen suchen behinderte und nicht behinderte Kinder Orientierung für ihren Umgang miteinander.

• Weder »Schonung« durch Scheinakzeptanz oder übertriebene Fürsorge noch »schonungslose« Konfrontation mit den Folgen der Behinderung durch Ignorieren bzw. Verweigerung von Hilfe sind Wege, den Kindern eine positive Auseinandersetzung mit der eigenen Behinderung oder mit der Behinderung anderer Kinder zu ermöglichen – diese Schlussfolgerung ziehen übereinstimmend wissenschaftliche Begleitstudien zu Modellprojekten der Integration.

• Dies bedeutet, dass einerseits erwachsene Bezugspersonen sich mit der Behinderung eines Kindes als Bestandteil der Interaktion mit diesem Kind aktiv auseinander setzen müssen und dass sie andererseits den Kindern dieselbe Auseinandersetzung zugestehen – eine Auseinandersetzung, die Frustration, Ängste und Aggressionen mit einschließt.

4. Ausgewählte praktische Fragen zur Arbeit in Integrationsgruppen – Erfahrungen von Alrun Schastok

Nachdem wir bisher eher prinzipielle, theoriebezogene Überlegungen zu Fragestellungen der Integration behinderter Kinder gestellt haben, sollen nun konkret und praxisnahe Antworten auf Fragen gesucht werden, die sich im Alltag eines Integrationskindergartens so oder ähnlich stellen. Es sind beispielhaft Fragen ausgewählt, natürlich gibt es noch weitere Aspekte, zu denen die folgenden Darlegungen vielleicht erst anregen.

4.1 Welche Aufgaben haben Erzieherinnen in Integrationsgruppen? – Lernprozesse, Eingewöhnung, Förderpläne, Elternarbeit

»Was muss eine Erzieherin können, die in einer integrativen Einrichtung arbeitet?« So oder ähnlich lautet eine immer wiederkehrende Frage in Fortbildungen. Die Antwort: »Nichts Besonderes, sie muss einfach nur eine gute Erzieherin sein.« Die häufigste Reaktion auf diese Antwort ist verblüfftes, ungläubiges Schweigen. Erst wenn der für uns wesentlichste Punkt, der eine »gute« Erzieherin ausmacht, erläutert wird, weicht die Ungläubigkeit. Wir sind davon überzeugt, dass eine Erzieherin zunächst sich selbst lieben muss, d.h. sie muss sich in ihren Stärken und Schwächen annehmen können, um jedes Kind so annehmen zu können, wie es ist, mit seinen Stärken und Schwächen (siehe dazu auch das Kapitel »Verhalten von Erzieherinnen«). Diese Arbeit an sich selbst ist jedoch ein Prozess, auf den sich Pädagoginnen einlassen müssen, die professionell arbeiten wollen.

Dieser Prozess muss unterstützt werden
– durch regelmäßigen kollegialen Austausch (wöchentlich)
– durch Beratungsgespräche (nach Bedarf)
– durch Einzel- und Teamsupervision
– durch Fortbildungen.

Es ist Aufgabe des Trägers, Zeit und Geld dafür zur Verfügung zu stellen. Aber auch flexibles, fantasievolles Zeitmanagement einer Einrichtung kann »Freiräume« für notwendiges Reflektieren schaffen. Trotz unserer Behauptung, dass integrativ arbeitende Erzieherinnen »nichts Besonderes« können müssen, kann man natürlich verschiedene Aufgabenbereiche herauskristallisieren als »besonders erwähnenswert«, wenn es um die Unterstützung integrativer Prozesse geht. Solche Aufgaben wollen wir mit Hilfe praktischer Beispiele nunmehr nahe bringen.

Lernprozesse

Eine der vielen Aufgaben von Erzieherinnen in Gruppen, die Kinder mit und ohne Behinderung betreuen, ist es, gemeinsame Lernsituationen zu bemerken, zu unterstützen und herzustellen. Dieses ist nicht immer leicht, gerade wenn die zuständigen Pädagoginnen die unterschiedlichen Bedürfnisse und Fähigkeiten ernst nehmen und respektieren.

Felix sitzt an einem Tisch im Gruppenraum, sein Gesicht in einer Armbeuge vergraben. Ab und zu seufzt er. In der Bauecke konstruieren vier fünfjährige Jungen eine Burg für die »schwarzen Ritter«. Es sind »seine« Jungen. (Nachdem Felix etwas sprechen gelernt hatte, nannte er sie »meine Kinner«.) Sie haben ihn weggeschickt, weil er ihnen »immer alles kaputtmacht«.

Felix ist ein fünfjähriger Junge mit einer so genannten geistigen Behinderung und motorischen Störungen. Sein Gang ist tapsig. Seine Handbewegungen wirken fahrig, er kann sie nicht genau steuern. Die Kinder sagen: »Felix kann nicht bremsen«. Deshalb gelingt es ihm nicht, Bausteine zu einer Mauer zu stapeln. Deshalb wollen ihn »seine« Jungen nicht mitspielen lassen, wenn sie komplexe Konstruktionen erstellen. Deshalb ist Felix häufig traurig. In solchen Situationen erfährt Felix Trost von seinen Erzieherinnen und auch Spielangebote von Mädchen aus seiner Gruppe. Zwar lässt er sich meistens nach einer Weile beruhigen, doch die Spielangebote der Mädchen will er nicht annehmen. Zu stark ist der Wunsch, zur Gruppe der großen Jungen und zu ihrem Lieblingsspiel zu gehören.

Erzieherinnen und Felix' Ergotherapeutin sind ratlos. Sie sehen zunächst keine Lösungsmöglichkeit für diesen Konflikt. Einerseits respektieren sie das Bedürfnis der Jungen, ungestört bauen zu können, andererseits suchen sie nach einem Spielansatz, der von Felix und »seinen« Jungen akzeptiert werden kann. Mehrere Fallbesprechungen sind notwendig, um den Konflikt zu analysieren und eine Strategie zu entwerfen. Diese sieht vor, Arbeitssituationen für Felix zu schaffen, in denen es gilt, schwere Lasten zu tragen, denn dieses bewirkt bei Felix eine Regulierung der Muskelanspannung und verbessert sozusagen sein »Bremsvermögen«. Mehrere Wochen lang wird der Gruppenraum aufgeräumt und gründlich entrümpelt. Kisten müssen von einem Raum in den anderen, in den Kel-

*ler oder zum Müllcontainer geschleppt werden. Die meisten Kinder fin-
den das lustig und machen mit. Die Erzieherinnen achten darauf, dass
Felix die schwersten Kisten trägt und loben ihn für seine Kraft. Felix
wird zum »Oberblumengießer« ernannt und schleppt Wassereimer zu den
Blumenbeeten. Da auch andere Kinder sich daran beteiligen, bekommen
die Blumenbeete in dieser Zeit reichlich Wasser, sogar die Bäume werden mitversorgt. Beim Einkauf zieht Felix den Bollerwagen.*

*Das Schleppen und Tragen macht Felix viel Spaß und zeigt die gewünschte
Wirkung. »Schau mal«, sagt Susi eines Tages beim Mittagessen, »Felix
hat heute fast nicht gekleckert«.*

*Die Erzieherin bemerkt, dass »fast nicht« etwas übertrieben ist, aber ge-
messen an dem wüsten Bild, das Felix' Essplatz sonst bietet, sieht er schon
fast sauber aus. Sie bestätigt daher Susis Ansicht und erklärt, dass das
viele Tragen von schweren Gegenständen Felix hilft, den Löffel besser zu
halten. Sie erklärt auch noch einmal, dass sie für Felix deshalb ja auch
einen anderen Löffel gemacht hätten. »Ja, aus Fimo, ganz dick, damit er
schwerer ist und ganz passend für seine Hand.« »Ja, und wir haben auch
alle einen eigenen Griff mit unserer Hand«, ergänzt Friederike.*

*Es vergeht einige Zeit. Dem eigentlichen Ziel – Felix und der Jungen-
gruppe zu einem gemeinsamen Spiel zu verhelfen – scheinen Erzieherin-*

nen und Ergotherapeutin nicht näher gekommen zu sein, da beobachtet eine der Erzieherinnen an einem Vormittag, dass die Jungen eine Ritterburg im Buddelkasten bauen, gemeinsam mit Felix, d. h. Felix trägt Wasser von der Wasserstelle und Sand aus anderen Buddelkästen in Eimern heran und lädt das Baumaterial prompt und präzise dort ab, wo die knappen Anweisungen der »Konstrukteure« wie »Hierhin, Felix!« – »Den Sand jetzt zu Pat« – »Ich brauch mehr Wasser!« es anfordern.

Die Frage der Erzieherin danach, was hier entsteht, wird ebenso knapp mit »Siehst du doch, eine Ritterburg!« beantwortet, eine weitere Frage nach der Rolle von Felix ergibt die Antwort: »Er ist unser Arbeiter.« Als die Erzieherin vorsichtig nach der Begründung fragt, erhält sie ein schon etwas genervt klingendes »Logisch, weil er so stark ist!« zur Antwort.

Felix hatte es geschafft. – Alle gemeinsam hatten es geschafft. In einer der nachfolgenden Besprechungen wurde darüber diskutiert, ob das gewünschte Ziel wirklich erreicht war. Nutzten die Jungen Felix nicht aus, indem sie die »Handlangerrolle« ausschließlich ihm zuschrieben? Durfte diese Ausnutzung zugelassen werden oder waren Interventionen seitens der Erwachsenen nötig?

Erzieherinnen und Therapeutin entschlossen sich, dieses nicht zu tun. Sie erkannten, dass das Ergebnis genau das war, was sie hatten erreichen wollen, ein gemeinsames Spiel, in das jedes Kind seine Fähigkeiten einbringen kann, für die es Anerkennung findet. Felix' Fähigkeiten waren seine Kraft und sein Verständnis für Anweisungen. Beides hatten die Jungen entdeckt. Für sie war er damit zum gleichwertigen Spielpartner geworden.

Der Versuch einer Analyse, was zu dieser ersten gemeinsamen von Erwachsenen unabhängigen Spielaktion geführt hatte, ergab:
- Felix hatte immer wieder deutlich seinen Wunsch gezeigt, in den Jungenkreis aufgenommen zu werden. (Beharrlichkeit)
- Er hatte seine Traurigkeit bei erfahrener Ablehnung immer deutlich gezeigt. (Ausdrucksvermögen)
- Die Zurückweisung hatte keine persönlichen, sondern sachliche Gründe.
- Die Zurückweisung wurde von den Erzieherinnen akzeptiert.
- Felix wurde getröstet.
- Felix wurde Gelegenheit geboten, seine Kraft zu beweisen, indem er Arbeit für die Gruppe in der Gruppe leisten konnte.
- Felix war mit seinen Aktivitäten »sichtbar«. Er musste nicht für Therapien die Gruppe verlassen.
- Felix' Schwierigkeiten wurden thematisiert und nicht tabuisiert.
- Die begleitenden Erwachsenen haben nicht aufgegeben, sich Zeit gelassen.
- Die begleitenden Erwachsenen hatten Bereitschaft gezeigt, von den

Kindern zu lernen, den Respekt vor so genannten »niedrigen Arbeiten« wiederzuentdecken, der notwendig ist, um später einmal Arbeitsperspektiven z. B. für Menschen mit geistiger Behinderung zu entwickeln, wobei dem Wort Hilfsarbeit eine neue Relevanz zukommen könnte.

Im Wesentlichen waren und sind es diese Komponenten, die integrative Prozesse einleiten und die von den Pädagoginnen geleistet werden müssen:
- Wahrnehmung und Akzeptanz gegensätzlicher Bedürfnisse,
- Gelegenheit für alle Kinder, ihre Fähigkeiten zu beweisen (Transparenz),
- Vertrauen und Zeit,
- Kooperation aller beteiligten Erwachsenen.

In der Folgezeit entwickelte die starke Jungentruppe noch mehr gemeinsame Spiele, wie z. B. das »Autoreifen-mit-dem-Dreirad-umfahren-Spiel« oder Müllabfuhr. Als Felix gelernt hatte, mit dem Dreirad zu fahren, avancierte er vom einfachen Müllmann, der »nur« den Müll aufsammeln durfte, zum Müllfahrer. In der Gruppe, die Felix damals besuchte, es war eine noch altershomogene Gruppe, waren 2 Vollzeit-Erzieherinnen und eine halbtags arbeitende Erzieherin beschäftigt. Zweimal in der Woche kam »seine« Ergotherapeutin, die den ganzen Vormittag für ihn und die Gruppe Zeit hatte.
Alle Erwachsenen trugen gemeinsam die Verantwortung für das Gruppengeschehen. Die Aufgaben waren verteilt. Die Erzieherin, die ein Kind eingewöhnt hatte, war zuständig für die Entwicklungsbeobachtung, Terminierung von Elterngesprächen, Initiierung von notwendigen Fallbesprechungen, Beratung beim Übergang in die Schule und für ihre eigenen Schwerpunkte (z. B. Musik, Sport, Bewegung im Freien, kreatives Gestalten). Die Kriterien waren nicht Behinderung bzw. Nichtbehinderung des Kindes.

Förderpläne
Zweifel an der eigenen Kompetenz taucht immer wieder auf, wenn es darum geht, zum ersten Mal ein Kind mit einer Behinderung aufzunehmen. Besonders die so genannten Förderpläne flößen manch einer kompetenten Erzieherin Angst ein, Angst, ein in einem solchen Plan festgeschriebenes Ziel nicht zu erreichen, Angst vor der Rechtfertigung gegenüber den Eltern, dem Träger, dem Geldgeber.
Förderpläne werden verlangt in allen Bundesländern, in denen sie die Bewilligungsgrundlage für die Bereitstellung von zusätzlichen finanziellen Mitteln für die Einrichtung bilden.
Sie werden nicht verlangt dort, wo das Jugendamt sowohl Personal- als

auch Sachmittel zur Verfügung stellt und die Eltern sich an den Kosten für den Kindergartenplatz je nach Einkommen beteiligen. Dennoch werden auch hier solche Förderpläne geschrieben. In regelmäßigen Abständen (halbjährlich) werden die Fähigkeiten des Kindes (Motorik, Sprache, Kognition, soziale und emotionale Kompetenz) beschrieben und Vorschläge zum weiteren Vorgehen notiert. Dieses können ebenso ein Facharztbesuch, eine Helferkonferenz, die Anschaffung eines Hilfsmittels wie auch Spielvorschläge zur Erweiterung der kindlichen Fähigkeiten sein.

Ein solcher Förderplan könnte folgendermaßen aussehen:

Förderplan für Kim
Name: Kim X
Geburtstag: xx
Wohnhaft: xx
Diagnose: Zentrale Koordinationsstörung im Sinne eines diskinetischen Syndroms mit schwerer Beeinträchtigung der Willkürmotorik, schwere Seheinschränkung, globale Entwicklungsretardierung.
Eintritt in die Kindertagesstätte: xxx

Kim besucht seit zwei Monaten die Gruppe der »Hasen«, in der sie täglich sechs Stunden betreut wird. Sie ist sehr grazil und für ihr Alter recht groß. Kim ist ein freundliches, ausgeglichenes Mädchen, das rasch von den anderen Kindern der Gruppe angenommen wurde. Sie zeigt uns durch Lächeln und Strampeln, dass sie gern in den Kindergarten kommt. Kim kann gut hören und liebt die Stimmen ihrer Kinder um sich herum. Wir erkennen das daran, dass sie zu weinen beginnt, wenn plötzlich alle Kinder den Raum verlassen. Kim freut sich, wenn sie etwas bewirken kann (z. B. sich mit den Füßen abstoßen und dadurch ihren Kinderwagen ins Rollen bringen). Sie kann mit beiden Händen an den Kopf und ins Gesicht greifen und kurzfristig einen Gegenstand halten. Sie lacht, wenn sie gekitzelt wird.

Kim nimmt in der Gruppe einen wichtigen Platz ein. Sie wird von einzelnen Kindern umsorgt und oft ins Spielgeschehen einbezogen. Durch Gespräche und Erklärungen, durch Wahrnehmungsspiele (Was bemerke ich, wenn ich mit verbundenen Augen auf dem Boden liege, was schmecke ich, wenn ich mit verbundenen Augen gefüttert werde, wie fühle ich mich dabei?) und das Miterleben von Kims Therapie lernen die Kinder ihrer Gruppe, Kim besser zu verstehen, Rücksicht zu nehmen (Kim kann nicht ausweichen, ich muss um sie herumgehen) und ihre Wünsche zu akzeptieren (Kim lacht, ich singe noch einmal – Kim weint, ich muss aufhören).

Förderung:
- Kim wird nach Möglichkeit jeden Morgen von derselben Erzieherin mit demselben Begrüßungsritual empfangen.
- Kim hat zu den Mahlzeiten ihren Platz am selben Tisch mit immer denselben Tischnachbarn.
- Wir achten darauf, dass sie eine bequeme Sitzposition hat und ihr Kopf gut gestützt ist. Beim Füttern achten wir darauf, dass Kim zum Mundschluss kommt und schluckt. (Mutter und Therapeutin gaben uns »Nachhilfeunterricht«.)
- Kim nimmt an allen Aktivitäten ihrer Gruppe teil, dabei achten wir darauf, dass die Kleingruppe um sie herum möglichst konstant ist.

Kennen lernen von Materialien:
- Wir bieten den Kindern die Möglichkeit, mit unterschiedlichen Massen zu kneten (Teig, Knete, Ton, Salzteig usw.).
- Wir lassen sie Sand, harte Erde, Fußboden, weiche Matratzen, Luftballonbett usw. spüren.
- Wir unterstützen das Spiel mit Klapper- und Rascheleffekten.

Körpererfahrung:
Wir spielen »sich gegenseitig eincremen«, »Sandwich« (Die Kinder liegen aufeinander), »Wer kann die meisten Reissäckchen aushalten?«, »Streicheln«, »Abklopfen«, »Schaukeln«.
Wir wollen mit den Spielen ein möglichst hohes Maß an Gemeinsamkeit erreichen. Darüber hinaus wollen wir durch intensive Beobachtung herausfinden, ob irgendetwas Kims besondere Aufmerksamkeit hervorruft. Dieses können wir dann dazu nutzen (z. B. durch Wiederholung, Veränderung oder Erweiterung), Kims Eigeninitiative zu stärken.

Pausen:
Um Kim die Möglichkeit zu geben, Lernanreize zu verarbeiten, sorgen wir für Ruhephasen in einer für sie eingerichteten Kuschelecke.

Kommunikation:
Um Kims Eigeninitiative auch bei der Kommunikation zu vergrößern, d.h. ihren Anteil an der Kommunikation zu erhöhen (sie bemerkt Änderungen der Lautstärke und des Tonfalls und reagiert z. B. auf die energische Aufforderung zum Essen mit einem »Schippchen«), wollen wir darauf achten, nach jeder kurzen Ansprache abzuwarten, ob eine Reaktion erfolgt und erst dann entsprechend handeln.
Die Ansprachen für bestimmte Tätigkeiten sollen immer gleich lautend und kurz sein (also nicht »Hast du Durst?« und beim nächsten Mal »Möchtest du trinken?«). Wir werden die Eltern fragen, was sie darüber denken.

Therapeutische Maßnahmen:
Kim bekommt zweimal wöchentlich jeweils eine drei viertel Stunde Krankengymnastik, die von einer externen Therapeutin im Gruppenraum durchgeführt wird. Ab und zu wird auch der Therapieraum genutzt. Ein bis zwei Kinder und eine Erzieherin begleiten dann Kim und die Therapeutin.
Einmal wöchentlich findet eine so genannte Sehtherapie statt. Durch starke Lichtreize im dunklen Raum und Hell-Dunkelkontraste wird versucht, Kim zum Einsatz ihres Sehvermögens zu provozieren. Gleichzeitig will man herausfinden, ob Kim überhaupt Sehreste hat.
Angeregt durch die Therapeutinnen ändern wir mehrmals am Tag Kims Liegeposition. (Bauchlage auf einem Keilkissen, Rückenlage, Seitenlage). Dieses ist einerseits wichtig, um einer Skoliose vorzubeugen, andererseits wollen wir dadurch selbstständiges Drehen auf den Rücken und Fortbewegung anbahnen.
Wir unterstützen das noch zusätzlich, indem wir ihr in allen Lagen Material zum Tasten anbieten (Fell, Raschelfolie usw.).

Hilfsmittel:
Um den Alltag für Kims Eltern zu erleichtern (sie sind beide berufstätig), halten wir einen Fahrdienst, der Kim zu uns bringt (das Abholen übernehmen weiterhin die Eltern), für erforderlich.
Wir wünschen uns ein Therapiedreieck (»Birillo«), um Kim die Möglichkeit einer selbstständigen Fortbewegung zu geben.

Gespräche:
Neben den täglichen Abholgesprächen mit den Eltern und den wöchentlichen Austauschgesprächen findet halbjährlich ein Gespräch mit den Eltern, den Therapeutinnen und den Erzieherinnen statt.

Berlin, den .....   Unterschrift der Gruppenerzieherinnen

Der Plan hilft den Professionellen bei der Reflexion ihrer Arbeit und dient darüber hinaus als Gesprächsgrundlage für die Entwicklungsgespräche mit den Eltern. Wünschenswert wären regelmäßige Notizen über die Entwicklung aller betreuten Kinder einer Einrichtung. Im Augenblick scheint dieses noch ein Kapazitätsproblem (Personalmangel) zu sein. Im Verlauf der Qualitätsdiskussion von Kindertagesstätten sollte die Arbeit mit Beobachtungsbögen, die Notizen über die Entwicklung **aller** betreuten Kinder enthalten, realistisch werden. Die Summe aller Pläne (oder Notizen) bildet die Grundlage für den abschließenden Bericht für ein Kind beim Übergang in die Schule. Dieser Übergang wird von vielen Eltern als angstvoll erlebt. Wird mein Kind es schaffen? Wie kommt mein Kind mit dem »Ernst des Lebens« zurecht?

Für Eltern von Kindern mit einer Behinderung stellt sich erneut die Frage:»Wollen wir Integration auch in der Schule, obwohl wir wissen, dass unser Kind nicht nach dem Rahmenplan der Grundschule unterrichtet werden kann?«
Die Erzieherinnen können den Eltern die Entscheidung nicht abnehmen. Sie können jedoch anhand der Förderpläne darstellen, wie sich das Kind im Laufe seiner Kindergartenzeit entwickelt hat, was es gelernt hat, welchen Anteil seine nicht behinderten Freunde daran hatten, in welchen Situationen es vor allem gelernt hat usw. Sie können den Eltern damit Mut machen, sowohl einmal in der für ihr Kind zuständigen Regelschule als auch in den in Frage kommenden Sonderschulen zu hospitieren. Sie können ihre Begleitung anbieten oder auch mit den Eltern Fragen erarbeiten, die diese den Schulen bzw. dem Schulleiter oder auch den Lehrerinnen stellen können.
Wenn der Entschluss der Eltern feststeht und dieser zu Gunsten integrativer Beschulung gefallen ist, sollten Erzieherinnen auf jeden Fall ihre Beteiligung am Verfahren zum Übergang in die Schule (Förderausschuss) anbieten, um die Eltern zu unterstützen. Denn je nachdem, wie stark die Lobby der Sonderschulen ist, d. h. je nachdem wie die für die Kind-Umfeld-Analyse zuständige Sonderpädagogin ihre Rolle wahrnimmt, wird die Integration mehr oder weniger erstritten werden müssen.
Für den Übergang in den Hort ist es wichtig, dass die zuständigen Horterzieherinnen alle »Neuen« rechtzeitig kennen lernen. Dieses kann geschehen durch Hospitation in den Gruppen, durch übergreifende Angebote der Erzieherinnen für jüngere Kinder, durch Einladungen zu gemeinsamen Mahlzeiten usw. Mit Horten, die eigenständige Einrichtungen sind, sollte die Kindertagesstätte sehr frühzeitig Kontakt aufnehmen (Anmeldefristen berücksichtigen), um die Integration des Kindes vorzubereiten und zu planen.

Eingewöhnung von Kindern mit einer Behinderung

Die Freude über einen Platz im Wunschkindergarten ist groß. Dennoch ist es für die meisten Eltern ein schwerer Schritt, das Kind einer Institution zu überlassen. Sie müssen sich von nun an täglich für eine bestimmte Zeit von ihrem Kind trennen, es in einer fremden Umgebung mit fremden Menschen zurücklassen. Dieses Loslassen ist für Eltern eines Kindes mit einer Behinderung oft besonders schwer. Sie befinden sich einerseits noch mitten im Auseinandersetzungsprozess mit der Behinderung ihres Kindes, andererseits haben sie mit dem Entschluss, ihr Kind in einen Regelkindergarten zu geben (Regelkindergarten ist hier gleichzusetzen mit Integrationskindergarten, da die Autorinnen Integration als selbstverständlich voraussetzen), eine Entscheidung getroffen.
Die Aufgabe des Kindergartens ist es, den Übergang vom Elternhaus in die Tagesstätte so schonend wie möglich zu gestalten mit dem Ziel, dass

die Kinder am Ende dieses Übergangsprozesses – Eingewöhnung genannt – eine Bindung zur eingewöhnenden Erzieherin aufgebaut haben. Ein sicheres Zeichen für eine solche Bindung ist es, wenn das Kind sich in belastenden Situationen – Streit mit anderen Kindern, kleiner Unfall, Abschied von der Mutter – rasch von der Erzieherin trösten lässt, wenn es seine Räume neugierig erkundet, Spielangebote anderer Kinder annehmen kann. Um diese Bindung aufbauen zu können, braucht das Kind Sicherheit. Diese bekommt es durch die Begleitung einer Person, zu der es bereits eine Bindung hat. Dieses sind in der Regel die Mutter oder der Vater. Ebenso können aber auch Großeltern, andere Verwandte, eine Tagesmutter oder Freunde das Kind in dieser Phase begleiten, vorausgesetzt, das Kind hat eine Bindung zu ihnen.

Vor dem ersten Tag im Kindergarten sollte neben dem Aufnahmegespräch mindestens ein Gespräch zwischen den Eltern, der eingewöhnenden Erzieherin und, falls es nicht die Eltern sind, der eingewöhnenden Bindungsperson stattfinden.

Dieses Gespräch ist sozusagen die Basis für die spätere Zusammenarbeit. Daher ist es wichtig, durch genügend eingeplante Zeit und einen angenehmen Rahmen (ruhiger Raum, vielleicht Kaffee oder Tee) für eine entspannte Atmosphäre zu sorgen. Inhalt eines solchen Gesprächs sind die bisherige Entwicklung des Kindes, seine Vorlieben und Abneigungen sowie seine Fähigkeiten und die Familiensituation (Geschwister, Berufstätigkeit der Eltern und die Wohnsituation). Ebenso sollten die Eltern in einem solchen Gespräch ermutigt werden, ihre Ängste zu formulieren und ihre Erwartungen auszusprechen.

Für Kinder mit einer Behinderung können mehrere Gespräche notwendig sein, nicht, um zu prüfen, ob das Kind »integrationsfähig« ist, sondern um vom Fachwissen der Eltern und den eventuell bis dahin zuständigen Therapeuten (Therapeutinnen) zu profitieren, d.h. das Team auf das Kind vorzubereiten und eventuell räumliche Veränderungen vorzunehmen (siehe Beispiel Lara im Abschnitt »Elternarbeit«). Wir haben hier bewusst auf einen modellhaften Fragenkatalog verzichtet, da wir der Auffassung sind, dass jede Einrichtung einen solchen für sich selbst erarbeiten muss, nach Kriterien, die ihr vorrangig erscheinen. Wichtig erscheint uns jedoch, den gegenseitigen Informationsbedarf nicht mit einem einzigen Gespräch abdecken zu wollen, sondern eher einen Zeitplan für Folgegespräche zu verabreden (z.B. jeweils nach einer Eingewöhnungswoche), um so das notwendige gegenseitige Vertrauen allmählich wachsen zu lassen.

In der auf die Gespräche folgenden Eingewöhnungsphase entscheidet das Kind, wann und wie es den Kontakt zur Erzieherin aufnehmen möchte, ob es ein Spielangebot der Erzieherin annehmen möchte oder noch den Körperkontakt zur Mutter (steht hier stellvertretend für jede Bindungsperson) braucht (siehe auch: Hajo LAEWEN: Zur Eingewöhnung von Krippenkindern). Es bestimmt Nähe und Distanz, was sowohl von der Erzieherin als auch der Mutter größte Zurückhaltung, wenig Aktion, jedoch sofortige Reaktion auf Kontaktwünsche des Kindes und vor allem genaue Beobachtung verlangt.

Grundsätzlich unterscheidet sich die Eingewöhnung eines Kindes mit Behinderung nicht von der eines Kindes ohne Behinderung. Es ist jedoch möglich, dass der Prozess länger dauert (in der Regel sind es zwei bis drei Wochen), weil die Signale z. B. eines Kindes mit schwerer Behinderung, das über keine Lautsprache verfügt, für die »ungeübte« Erzieherin kaum wahrnehmbar oder nur schwer zu deuten sind. Das Kind kann aber nur Sicherheit gewinnen, wenn es verstanden wird. Der Prozess kann auch länger dauern, weil das Loslassen gerade der Mutter eines Kindes mit einer Behinderung so schwer fällt, dass sie damit dem Kind ein »Sich-Einlassen« auf die neue Situation erschwert.

Kai

Kai war schon fünf Jahre alt, als er zum ersten Mal, begleitet von seiner Mutter, in den Kindergarten kam. Wir wussten aus den Vorgesprächen, dass er das einzige Kind seiner Eltern war, dass er die ersten fünf Jahre seines Lebens ausschließlich mit ihnen verbracht hatte. Vor allem zu seiner Mutter hatte er ein sehr inniges Verhältnis. Mit ihr und durch sie hatte er bisher die Welt erfahren. Kai hatte eine schwere Tetraspastik und konnte nicht sehen.

Auf dem Arm seiner Mutter betrat er den Kindergarten. Die Last des für sein Alter großen, wenn auch schlanken Jungen schien ihr nichts auszumachen. Sie lächelte. Auch Kai lächelte. Er fühlte sich sicher auf dem Arm seiner Mutter, die ihm die Erzieherinnen vorstellte, den Raum beschrieb, die Fragen der Kinder seiner Gruppe beantwortete. Seine Mutter unterhielt sich mit ihm. Sie konnte all seine winzigen mimischen Signale und seine Gesten, die für uns zunächst nur unwillkürliche Zuckungen waren, verstehen und darauf reagieren. Mit ihr konnte Kai gelöst den Kontakt mit der Umwelt ertragen, ja sogar Kontakt aufnehmen.

Den ersten Trennungsversuch überstand Kai gefasst aber ohne Lächeln. Noch vor dem zweiten begann er zu weinen. Kai hatte verstanden, dass er von nun an täglich von seiner Mutter getrennt sein würde. Wir verlängerten die Eingewöhnungszeit (wie wir es immer bei solchen Reaktionen tun), um Kai und seiner Mutter Zeit zu geben, sich davon zu überzeugen, dass auch wir in der Lage waren, Kais Sprache zu verstehen. Es gelang uns bei seiner Mutter, nicht bei Kai. Zwar blieb er ohne Tränen bei uns, reagierte auf Spielangebote seiner Kinder und seiner Erzieherin, aber er lachte nicht mehr sein Lachen, das wir von ihm kannten, wenn seine Mutter bei ihm war. Wir hatten das Gefühl, er ertrug die Situation, weil seine Mutter es so wünschte. Eltern und Erzieherinnen machten sich gegenseitig in vielen Gesprächen Mut, Kais Widerstand auszuhalten, denn

wir waren der Meinung, dass der Zeitpunkt zum »Durchschneiden der Nabelschnur« für Kai der richtige war.
Nach etwa einem Jahr lachte Kai zum ersten Mal, als ihm ein Kind mit den Worten: »Fang auf!« einen Ball auf den Bauch warf.

Autonomie im Kindergartenalltag

Während der vielen Gespräche hatten wir auch unsere Zweifel ausgedrückt, ob der Kindergarten, ob unser Kindergarten für Kai wirklich die richtige Alternative zum Elternhaus darstellte. Trotz des »guten« Ausgangs – Kai hatte sein Lachen wiedergefunden – zweifeln wir heute noch manchmal an der Richtigkeit des Weges, den wir mit Kai gegangen sind. Es sind die Zweifel, die Eltern und Erzieherinnen in der Begegnung mit Kindern immer wieder kommen, verbunden oft mit Schuldgefühlen, etwas versäumt zu haben. In dem Buch »Kinder mit Down-Syndrom lernen lesen« zitiert die Autorin, Patricia LOGAN, eine Psychotherapeutin: *»Ich tat, was ich konnte, so wie ich war und mit dem, was ich damals wusste«. Patricia LOGAN fährt dann fort: »Vergeben sie sich selbst alle Fehler, die sie gemacht zu haben meinen. Vergeben sie auch den Lehrern und allen anderen Menschen, die mit ihrem Kind zu tun hatten, dass sie nicht perfekt waren. Stecken sie all' ihre Energie in das Heute und Morgen. Sie haben immer noch eine weitere Chance!«*
Eine Chance liegt darin, immer wieder die Frage zu stellen: **Was brauchen Kinder mit und ohne Behinderung im Vorschulalter, um ihren Kindergartenalltag so autonom wie möglich zu gestalten?**
Erzieherinnen stehen ohne Zweifel vor der Aufgabe, allen von ihnen betreuten Kindern Autonomie, d. h. vor allem Selbstbestimmtheit, zu ermöglichen. Wie muss ein Umfeld beschaffen sein, das Prozesse hin zu mehr Autonomie auch bei Kindern mit verschiedenen Beeinträchtigungen optimal begleitet? Eine Antwort lautet: Die Kinder brauchen Sicherheit.
Durch die Eingewöhnung in Begleitung einer vertrauten Person wird das Fundament für diese Sicherheit gebaut. Das Kind hat Gelegenheit, Beziehungen aufzubauen zu seiner Erzieherin. Es erfährt, dass immer auch noch andere Erzieherinnen da sind und es erlebt jeden Tag zur selben Zeit dieselben Kinder, die ihm immer vertrauter werden. Diese **Bezugspersonenkonstanz**, d. h. die Anwesenheit von immer den gleichen Personen zur gleichen Zeit, ist eine erste Voraussetzung, um Sicherheit zu ermöglichen und zu stabilisieren.

Lara kommt jeden morgen um halb sieben in den Kindergarten. Dort erwartet sie Lisa, die immer den Frühdienst macht. Sie begrüßt Lara immer mit: »Hallo, kleines Monster!« und lacht dabei. Lara will dann sofort auf Lisas Arm und den Kopf auf ihre Schulter legen. Lisa muss sich umdrehen, damit Lara zum Abschied der Mutter zuwinken kann.

Wenn die Mutter dann zur Arbeit gegangen ist, nimmt Lara ganz schnell den Nuckel aus dem Mund und gibt ihn Lisa. Dann will sie von Lisas Arm, um mit Tanja, einem gleichaltrigen Mädchen, das immer schon vor ihr da ist, ihr Lieblingsbuch »Bambi« anzuschauen. Das finden die beiden schon ganz allein, denn es ist immer im roten Korb im unteren Regal. Wenn Gudrun, sie ist Lisas Vertretung bei Krankheit oder Urlaub, da ist, zieht Lara ihre Augenbrauen zusammen und schüttelt mit dem Kopf. Sie will nicht auf Gudruns Arm. Laras Mutter muss dann bleiben, bis Gudrun etwas gefunden hat, was Lara tröstet. Manchmal ist es das Lieblingsbuch, manchmal sind es Buntstifte. Wenn Lara nickt, kann die Mutter gehen. Nach einigen Tagen hat sich Lara an Gudrun gewöhnt. Sie darf sie aber immer noch nicht auf den Arm nehmen, nur auf den Schoß.

Die **verlässliche Anwesenheit immer derselben Kinder**, mit denen jedes Kind bestimmte Spiel- und Lernmöglichkeiten verbindet, ist ein zweiter Aspekt zur Ermöglichung von Sicherheit. Ihre Abwesenheit stellt besonders für Kinder mit einer Behinderung eine Verunsicherung dar.

Kim liegt in der Mitte des Spielraumes ihrer Gruppe. Sie liegt allein. Die Kinder, die eben noch mit ihr »Turnstunde« gespielt haben (die Elemente dazu »lernten« sie bei der Therapeutin), betrachten jetzt ein Bilderbuch und »lesen« einander vor. Serkan produziert »Unfälle« mit Matchboxautos und ahmt die dazugehörenden Geräusche nach. Das Schloss für das Gespenst, an dem seit einer halben Stunde gearbeitet wurde, ist fast fertig.
Kim, ein zartes fünfjähriges Mädchen, hat keine Möglichkeit, sich allein fortzubewegen. Sie sieht nicht, aber sie kann fühlen, riechen, schmecken, hören, lachen, lächeln, jammern, meckern, weinen. Jetzt lächelt sie. Sie kennt die Stimmen der Kinder, die ihr jeden Tag wieder begegnen. Sie weiß, wie sie hier im Spielzimmer klingen oder im Zimmer nebenan, wo sie zu den Mahlzeiten immer von ihrer Erzieherin gefüttert wird, manchmal auch von einer anderen, das ist dann nicht so gut. Aber die Stimmen der Kinder, die immer an ihrem Tisch sitzen, die von Serkan und Elfi, machen alles halb so schlimm.
Björn hat den letzten Baustein auf das Schlossdach gesetzt und ruft: »Wollen wir jetzt Gespenstermasken bauen?« Alle Kinder im Raum sind begeistert, springen auf und laufen in den Nebenraum zum Regal mit den Materialien. Kim bleibt allein zurück und beginnt zu weinen. Ihre Erzieherin bemerkt es – die Räume sind durch ein großes Sichtfenster getrennt – und macht die Kinder darauf aufmerksam. Elfi versteht. Mit der Bemerkung: »Kim will jetzt nicht allein sein, glaub' ich«, rollt sie Kims Stuhl heran, um Kim zu den anderen zu bringen.

Kim, die nicht sehen kann und ohne eigene Mobilität ist, ist in hohem Maß angewiesen auf **Bezugspersonen und Raumkonstanz**, wichtige Aspekte im Hinblick darauf, dass Kinder sich sicher fühlen in ihrer Einrichtung. Kim benötigt in besonderem Maße diese Sicherheit, da sie sich allein nicht aus einer Gefahr begeben kann. Es kostet sie viel Kraft, sich mit den ihr verbliebenen Sinnen zu orientieren, um Sicherheit und Zufriedenheit zu erlangen. Kim braucht die Gruppe und ihre Räume. Sie braucht die Stimmen ihrer zwanzig Kinder täglich in unterschiedlichen Situationen, um sie sicher wiederzuerkennen und einordnen zu können. Für die übrigen Kinder ist die tägliche Begegnung mit Kim ebenso wichtig, denn um mit ihr kommunizieren zu können, müssen sie Kims leise Zeichen bemerken und verstehen lernen.

Marco, eine Junge mit schwerer Tetraspastik, hat gelernt, sich robbend und rollend fortzubewegen. In seinen Gruppenräumen kann er Stifte, Papier, Bausteine und anderes Spielmaterial selbstständig erreichen. Von seinem Platz aus (eine Art Sesselersatz aus Therapierollen mit einem Spieltisch davor) kann er zusehen, was und wie die anderen spielen, sich bemerkbar machen, im eigenen Spiel bemerkt werden, jederzeit in ein Spiel einbezogen werden. Eine Verteilung von Spielfunktionen auf unterschiedliche Räume in unterschiedlichen Etagen würde für Marco einen Verlust an Selbstbestimmung und Autonomie bedeuten. Darüber hinaus wäre die Möglichkeit, die Vielfalt an Spielen und Spielmöglichkeiten täglich zu sehen, für ihn weitaus geringer.

Wir sind der Auffassung, dass eine Aufteilung von Spielfunktionen ausschließlich auf unterschiedliche Räume der Ganzheitlichkeit des kindlichen Spiels nicht entspricht. Wir befürworten jedoch ausdrücklich zusätzliche Funktionsräume in jeder Einrichtung. Sie sollten von den Kindern selbstbestimmt genutzt werden können und ihnen die Möglichkeit bieten, neue Materialien (z. B. Holz und Stein) kennen zu lernen, neue Techniken auszuprobieren, zu experimentieren, zu toben oder zu träumen. Auch diese Räume müssen betreut werden durch eine erwachsene Person, nicht um die Kinder zu beaufsichtigen, sondern um ihnen, wenn nötig, Unterstützung und Anregung anbieten zu können. Vor allem für ältere Kindergartenkinder und Hortkinder sind solche »Spezialräume«, die ihre Konzentration auf bestimmte Themen richten, wichtig.

Mehr Autonomie durch mehr Sicherheit/Selbstbewusstsein der Kinder in »ihrem« Kindergarten kann zusammenfassend durch folgende Voraussetzungen erst ermöglicht werden. Das Kind benötigt:

– **eine Erzieherin**, die es mit Begleitung eines Elternteils eingewöhnt, zu der es eine Bindung eingehen kann und die es verlässlich im Kindergarten begleitet wird;

– **einen Raum** (oder zwei), der überschaubar ist, in dem das Kind sich

gut orientieren kann, in dem es Materialien und Werkzeuge selbstständig nehmen kann, einen Raum, der reizvoll ist und variabel nutzbar, der komplexes und vielfältiges Spiel zulässt;
- **einen Platz,** der nicht von anderen beansprucht wird (Für jüngere oder Kinder mit Behinderungen ist ein fester Sitzplatz von großer Bedeutung.);
- **Kinder,** die es jeden Tag für eine bestimmte Zeit sicher um sich hat;
- **Rituale,** die den Tagesablauf strukturieren.

Wenn ein Kind auf dieser Basis Sicherheit gewonnen hat, wird es die Neugier entwickeln, die nötig ist, damit das Kind sein Umfeld weiter erforschen zu kann.

Elternarbeit

Als vor 16 Jahren die Mutter eines behinderten Kindes auf meine Bitte: »Erzählen sie doch einmal etwas von Adrian« in Tränen ausbrach und ich hilflos mit ansehen musste, wie sie sich minutenlang nicht beruhigen konnte, wurde mir zum ersten Mal bewusst, dass niemand von uns »Professionellen«, wenn er nicht selbst betroffen ist, wirklich nachempfinden kann, was die Diagnose einer schweren Behinderung ihres Kindes für Eltern bedeutet. Der Ansturm der Gefühle wie Wut, Angst, Trauer, Schuld, die besonders Mütter erleben, ist für uns nicht zu ermessen. (Ich verweise an dieser Stelle auf das Buch »Behinderte Kinder – behinderte Mütter?« von Monika JONAS.)

Adrians Mutter konnte damals, nachdem sie sich beruhigt hatte, ihre Angst sehr gut beschreiben, die Angst, die sie empfunden hatte, drei Jahre zuvor, als ihr die Ärzte sagten, eine Gehirnoperation sei notwendig und man wisse nicht, wie sie ausgehen würde. Angst davor, Adrian könnte sterben, aber auch die Angst, Adrian müsste sein Leben in Abhängigkeit verbringen, Angst vor der eigenen Abhängigkeit, Angst vor Behinderung. Sie beschrieb auch, dass sie diese Angst bis zu meiner Frage hatte erfolgreich unterdrücken können, aber dass nun plötzlich »alles wieder da sei«. Ich war viel zu sehr erschüttert, um noch ein irgendwie »professionelles« Elterngespräch führen zu können. Ich sah Adrian vor mir, diesen strahlenden, blond gelockten dreieinhalbjährigen Jungen, der gerade erst laufen gelernt hatte und nun begann zu lautieren.

In meiner Verunsicherung begann ich zu erzählen, wie mir Adrian zum ersten Mal begegnete, dass ich auf ihn aufmerksam wurde, weil er trotz der Mühe, die ihm das Besteigen eines Kletterturms machte, so zufrieden wirkte und den Impuls, ihm helfen zu wollen, in mir unterdrückte. Ich erzählte von seiner Unermüdlichkeit, wenn es darum ging, mit anderen Kindern mitzuhalten, seiner Aufmerksamkeit, seiner Fähigkeit, sein Bedürfnis nach Ruhe zu erkennen und ausdrücken zu können. Ich redete mir gewissermaßen Mut zu und endete erst, als ich meine Frage nach der Zuordnung Adrians zum §39 BSHG herausgebracht hatte und warum diese für uns wichtig sei. Adrians Mutter hatte mich ausreden lassen. Ruhig erklärte sie mir, dass sie ihren Sohn auch so erlebe und dass Adrian keine Zuordnung habe, weil sie, die Eltern, bisher Angst vor der Stigmatisierung, die so eine Zuordnung mit sich brächte, gehabt hätten. Sie wolle das jedoch mit ihrem Mann besprechen.

Zwei Wochen später hatte sie die Zuordnung schriftlich und beantragte eine sozialpädagogische Einzelfallhilfe, die bis zur Einschulung Adrians 12 Stunden in der Woche in seiner Gruppe mitarbeitete.

Heute, 16 Jahre nach dieser kleinen Szene, hat sich an der Situation der Eltern behinderter Kinder nicht viel geändert. Auch heute erfahren sie keinerlei Begleitung bei der Bewältigung von Trauer und Angst. Stattdessen wird ihnen gesagt, was das Kind unbedingt braucht, an Hilfsmitteln, an Frühförderung, an Therapien und dass sie, die Eltern, verpflichtet seien, dieses für ihr Kind zu organisieren. Wir, die»Profis«, Ärzte und Ärztinnen, Erzieher und Erzieherinnen, Therapeuten und Therapeutinnen, Lehrer und Lehrerinnen, formulieren diese Ansprüche an die Eltern, jede von uns aus ihrer Spezialkompetenz heraus. Wie sie jedoch dieses Kind so anzunehmen lernen, wie es ist, das sagen wir den Eltern nicht. Sie sind immer noch alleingelassen mit Kindern, die auf Grund der Schwere ihrer Behinderung die Umstellung des gesamten Lebensplanes einer Familie erfordern. So wundert es nicht, dass Partnerschaften dieser Belastung oft nicht standhalten. Paare, besonders mit schwer behinderten Kindern, werden signifikant häufiger geschieden als Paare mit Kindern ohne Behinderung. In vielen Fällen erliegen besonders die Mütter auch heute noch dem gesellschaftlichen Druck und füllen die ihnen zugeschriebene Rolle der »guten«, das heißt aufopfernden, sich selbst zurückstellenden Mutter aus. Sie geben ihre Berufstätigkeit auf, um sich als Managerin und Co-Therapeutin vierundzwanzig Stunden täglich in den Dienst ihres Kindes zu stellen. Dabei verbieten sie sich Gefühle wie Wut und Aggression, denn eine »gute« Mutter liebt doch das eigene Kind. Dieser Fulltime-Job und die Anstrengung, ihre negativen Gefühle zu unterdrücken, nehmen diese Mütter so in Anspruch, dass ihnen keine Kraft zur Pflege einer Partnerschaft mehr bleibt. Kommt es zu einer Trennung, wird die Belastung noch höher. Alleinerziehend mit einem behinderten Kind, geraten sie noch mehr in die Isolation und in die Abhängigkeit. Aber auch Paaren, denen es gelingt, die Partnerschaft aufrecht zu erhalten, bleibt nicht viel Zeit, diese zu pflegen, zu groß ist der zeitliche und organisatorische Aufwand, der ihnen zur Förderung ihres Kindes abverlangt wird. So oder ähnlich erleben wir die Situation vieler Eltern, die ihr behindertes Kind in einer Tagesstätte anmelden. Mit ihrem Entschluss, keine Sondereinrichtung sondern eine Regeleinrichtung zu wählen, drücken sie den Wunsch nach weniger Isolation für sich und ihr Kind aus. Gleichzeitig sind sie verunsichert, ihr Kind in eine Umgebung zu entlassen, in der es etwas Besonderes darstellt, sich von den meisten anderen unterscheidet und mit ihm auch sie sich als Eltern. Ihrem Wunsch nach Zugehörigkeit steht der Druck, nach der besten Fördermöglichkeit für ihr Kind suchen zu müssen, gegenüber. Wohl deshalb schildern sie akribisch, was und wie viel das Kind von allem braucht, wie kompliziert füttern, wickeln usw. sei. Um das zu untermauern, legen sie uns Gutachten und Untersuchungsberichte vor. Es geschieht vielleicht in der leisen Hoffnung, wir könnten sagen, dass wir dies alles nicht im Stande wären zu leisten. Damit hätten wir ihnen zwar die Last der Entscheidung genommen, jedoch auch die Möglichkeit, dazuzugehören.

»Ich kann es nicht leiden, wenn von uns immer als den armen Eltern gesprochen wird«, sagte eine Mutter, als sie von dem Vorhaben, etwas über Integration im Kindergarten und dabei auch über Elternarbeit zu schreiben, erfuhr. Nicht mit »armen« Eltern, wohl aber mit Eltern, die 24 Stunden mit dem Thema Behinderung konfrontiert sind, haben wir es zu tun, wenn wir ihre Kinder in eine Regeltagesstätte aufnehmen. Marianne KOGIGEI formuliert in ihrem Aufsatz »Ich habe mir die Auseinandersetzung mit dem Thema nicht ausgesucht« (in: LILL 1996) sehr anschaulich, was es für sie bedeutet, »immer aufzufallen«, dem gesellschaftlichen, aber auch familiären Druck zu widerstehen und **trotzdem** berufstätig zu sein, den Anforderungen nach Geduld und Engagement immer gewachsen sein zu müssen.

Es ist unsere Aufgabe, diese besondere Situation und Belastung dieser Eltern sozusagen mitzudenken, wenn wir mit ihnen gemeinsam am Prozess der Integration arbeiten wollen.

Die Forderung nach Empathie gilt nach unserem Verständnis ebenso für Eltern nichtbehinderter Kinder. Sich hineinfühlen in eine Situation hilft uns, sie aus einer anderen Perspektive zu sehen, eröffnet uns eine weitere Betrachtungsmöglichkeit und gibt uns eher die Möglichkeit, Eltern und deren besondere Kinder wirklich anzunehmen, was bedeutet, die Hinweise, Hilfen, Tipps und Bitten der Eltern aufzugreifen und umzusetzen, von ihnen zu lernen. Die Eltern müssen erfahren, dass wir auch für ihr Kind mit den besonderen Bedürfnissen den Kindergartenalltag so gestalten, dass es wirklich teilhaben kann. Es sind, wie Marianne KOGIGEI schreibt, »die kleinen Dinge im Leben«, die so unbedeutend erscheinen und doch so viel ermöglichen und verändern.

Selbstverständlich ist der Waschraum »tabu« für alle anderen, wenn Eva – sie ist fünf – katheterisiert werden muss und niemanden außer ihrer Erzieherin dabei haben möchte. Selbstverständlich darf Katja ihren Geburtstag im Kindergarten feiern, weil sie Nils einladen möchte, der im Rollstuhl sitzt, die Wohnung ihrer Eltern aber so klein ist und außerdem im dritten Stockwerk eines Hauses, das keinen Fahrstuhl hat. Selbstver-

ständlich wird Nils gefragt, ob er im Bus lieber auf einem Platz oder in seinem Rollstuhl sitzen möchte, selbstverständlich ...

Wenn Eltern diese Selbstverständlichkeit als Normalität erleben, können sie Vertrauen entwickeln, Verantwortung abgeben, loslassen, Abstand gewinnen. Die Entlastung, die damit erreicht wird, vergrößert die Möglichkeit für die Eltern, ihr Kind so anzunehmen, wie es ist, mit seinen Fähigkeiten und Grenzen. Sie sind dann eher bereit, quälende Übungen aufzugeben und stattdessen zu akzeptieren, dass z. B. die Fortbewegungsmöglichkeit für ihr Kind nicht laufen sondern Rollifahren sein wird. Sie sind bereit, genau zu beobachten, ob diese oder jene Therapie, dieses oder jenes Hilfsmittel wirklich hilft, seine Fähigkeiten zu entwickeln oder ob es nur nicht schadet, jedoch dem Kind Zeit für das Zusammensein mit ihnen oder anderen Kindern nimmt. *(Bemerkung einer Mutter: Andere Kinder dürfen spielen, malen, musizieren, reiten, turnen. Unsere Kinder müssen zur Ergotherapie, Kunsttherapie, Musiktherapie, Reittherapie, Physiotherapie.)*
Ein Ziel der Zusammenarbeit von uns Professionellen und Eltern muss es sein, zu erreichen, dass spielen, malen, musizieren, reiten, turnen den Alltag der Kinder bestimmen ohne oder zumindest fast ohne angehängte »Therapie«.
Diesen Alltag möglichst einsehbar, d. h. transparent zu machen, ist wichtig und als Grundlage für Elternarbeit unerlässlich. Hospitationen schon vor der Aufnahme, aber auch die begleitete Eingewöhnung aller Kinder (siehe auch Kapitel »Eingewöhnung«) sowie Besuche der Eltern oder ihre Begleitung bei Ausflügen bieten dazu ebenso Gelegenheit wie das Angebot, sich doch noch einen Augenblick zu setzen und vielleicht eine Tasse Kaffee zu trinken, um dem eigenen Kind oder einer Kindergruppe beim Spiel zuzuschauen. Als weitere Möglichkeit, den Eltern Einblick zu verschaffen, eignen sich Fotos, die nicht das Besondere wiedergeben sondern eben das Alltägliche. *(Mayubi füttert Ralf – auch Lea kann nicht mehr laufen und sitzt in Ralfs Buggy und hält Ralf auf ihrem Schoß).*
Diese Basis der guten Information hilft den Eltern, mit uns im Gespräch zu bleiben, ihrerseits zu informieren, den Austausch zu suchen und von den übrigen Formen der Elternarbeit Gebrauch zu machen. Dabei kommt der Hospitation vor der Aufnahme eines Kindes und dem Aufnahmegespräch eine große Bedeutung zu. Dieses »Zu-Gast-Sein« ermöglicht es den Eltern, die Atmosphäre einer Gruppe wahrzunehmen, die Kommunikation der Kinder wie auch der in der Gruppe arbeitenden Erwachsenen zu beobachten, zu erleben, wie ihr Kind auf das Geschehen reagiert und wie die Kinder auf sie als Gäste zugehen. Die Vorstellung, wohin sie ihr Kind entlassen, wird klarer und hilft ihnen bei ihrer Entscheidung. Die auf eigenen Erfahrungen beruhende bewusste Entscheidung für eine Einrichtung wiederum ist eine gute Voraussetzung für

eine weitere Zusammenarbeit, die mit dem Aufnahmegespräch beginnt. In einem solchen Gespräch, das für alle Kinder einer Einrichtung gleichermaßen sorgfältig vorbereitet stattfinden muss, erhalten Eltern die Gelegenheit, ihr Kind zu beschreiben, wie sie es erleben, was es kann, was es mag, was es braucht, welche Erfahrungen es bisher mit anderen Kindern hat usw. Gezielte standardisierte Fragen helfen, über jedes Kind einen vergleichbaren Informationsstand zu erhalten. Es ist Aufgabe der Erzieherin, den Eltern zu erklären, warum die Fragen gestellt werden. Die an dem Gespräch beteiligten »Professionellen« erklären das Konzept der Einrichtung (eine Kurzfassung in Form eines Elternheftes kann den Eltern anschließend überreicht werden, um ihnen die Möglichkeit zu geben, die Fülle der Informationen in Ruhe noch einmal nachzulesen), beschreiben den Tagesablauf, berichten über ihre Erfahrungen und, was uns besonders wichtig erscheint, über eigene Unsicherheiten, die vielleicht aus mangelnder Erfahrung mit der spezifischen Behinderung des Kindes vorhanden ist.

Wir haben in der Praxis nie erlebt, dass das Eingeständnis eigener Unsicherheit und Angst von Eltern als Inkompetenz ausgelegt wurde, wenn wir deutlich machen konnten, dass wir unsere Unsicherheit selbst als Aufforderung sehen, zu lernen, uns kompetent zu machen.

Wir hatten beschlossen, Lara aufzunehmen, ein 1 3/4 Jahre altes Mädchen. Die Diagnose ihrer Schädigung lautete: Schwerhörigkeit, an Taubheit grenzend. In den Ohren trug sie winzige, bunte Hörgeräte, die sie, wie die Eltern berichteten, bei Wut oder Trauer gern herausriss und wegwarf. Niemand von uns hatte je mit einem so kleinen Kind mit dieser Schädigung gearbeitet. Nur wenige von uns hatten schon einmal Kontakt mit Menschen mit einer schweren Hörbehinderung gehabt. Die allgemeine Verunsicherung war groß. Fragen über Fragen beschäftigten uns. »Was hört Lara?« – »Wie hört sie?« – »Wie äußert sie ihre Wünsche?« – »Wie ist das überhaupt, nicht hören zu können?« – »Wie erlebt Lara?« – »Was ist, wenn ihre Hörgeräte verloren gehen oder zerbrechen?«
Die aufmerksamen Eltern, die bereits als Lara ein halbes Jahr alt war, festgestellt hatten, dass »irgendetwas mit ihrem Gehör nicht stimmte«, konnten uns schon bei den ersten Begegnungen einige Ängste nehmen. Sie beschrieben Lara als ein psychisch sehr stabiles und ausgeglichenes Mädchen, das neugierig und temperamentvoll genau wisse, was sie wolle. Da Lara krabbeln und auch bereits an Gegenständen allein laufen könne, sei sie in der Lage, ihre Spielorte selbst zu bestimmen. Außerdem sei sie beharrlich genug, solange auf etwas zu zeigen, bis sie verstanden werde. Hinsichtlich der Hörgeräte konnten die Eltern uns ebenfalls beruhigen. Weg sei eben weg und zerbrochen, bei Kindern müsse man so etwas einplanen.

Um uns eine theoretische »Nachhilfestunde« in Sachen Hörschädigung zu ermöglichen, schlugen die Eltern einen Besuch des Therapeuten vor, der Lara in der Hörberatungsstelle kontinuierlich betreute. Wir vereinbarten den Termin noch vor Laras Eingewöhnung und erhielten sowohl einen Einblick in den komplizierten und komplexen Vorgang des Hörens, als auch die Auskunft, dass trotz technischer Möglichkeiten, Hörvermögen zu messen, es nicht genau feststehe, wie und was Lara höre, dass aber ihre Fähigkeit, moduliert zu lautieren dafür spräche, dass sie etwas höre. Darüber hinaus erfuhren wir, dass die Räume unserer Einrichtung akustisch für Lara gut geeignet seien, Filzplättchen unter den Stuhlbeinen eine weitere Hilfe sein könnten, unnötige Nebengeräusche zu verhindern. Eine Empfehlung des Therapeuten war, bei der Kommunikation auf Augenkontakt zu achten und möglichst ausdrucksvoll und moduliert zu sprechen.

Der Besuch des Fachmanns hatte in der Tat bewirkt, uns ein Stück unserer Unsicherheit zu nehmen. Dennoch beschäftigte uns weiterhin die Frage nach der Kommunikation mit Lara. Zwar hatte Laras Therapeut zuversichtlich versichert, Lara würde die Lautsprache erwerben können, aber wie würde sie bis dahin ihre Gedanken, ihre Gefühle, ihr Wissen und ihre Fragen mitteilen?

Wir beschlossen, eine weitere fachkompetente Person einzuladen. Eine Sonderpädagogin, die in der Lehrerberatung den Integrationsgedanken seit vielen Jahren vertritt und die über Erfahrung in der Kommunikation mit nichtsprechenden Kindern verfügt, gab uns eine Einführung in dieses Thema, stellte uns die Ansätze vor, zu denen auch die lautsprachbegleitenden Gebärden gehören, die nicht nur bei schwerhörigen Kindern, sondern z. B. auch bei Kindern mit Down-Syndrom eingesetzt werden.

Wir wurden immer neugieriger und so beantragten wir bei unserem Träger eine Teamfortbildung zum Thema: Kommunikationsentwicklung bei gehörlosen Kindern und Kindern mit Down-Syndrom. Diese wurde bewilligt und wir erlebten sehr intensive Tage, die uns die Bedeutung von Kommunikation näher brachten und die Überzeugung in uns wachriefen, dass sowohl für Lara, aber auch für Mayubi und Ralf, unsere beiden Kinder mit Down-Syndrom, begleitende Gebärden im Kindergarten-Alltag als zusätzliche Sprache eingeführt werden müssten. In einem Elterngespräch vermittelten wir unsere Eindrücke und auch den Wunsch, gemeinsam mit Laras Mutter in unterschiedlichen Sondereinrichtungen zu hospitieren, die mit und ohne Gebärden arbeiten, denn wir waren durch unsere Neugier in die Kompetenzstreitigkeiten von Fachleuten geraten, die seit Jahren andauern und die, wie so häufig, meiner Ansicht nach nicht entschieden werden können, denn beide Seiten haben Erfolge aufzuweisen. Die Hospitationen fanden statt, halfen uns aber nicht weiter,

da eine Einrichtung mit gehörlosen, die andere mit schwerhörigen und hörenden Kindern arbeitet.

Unabhängig von dem Ergebnis einer weiteren Hospitation in einem bilingualen Kindergarten, hatte sich Laras Mutter entschlossen, die Gebärdensprache zu lernen, obwohl Lara ein CIP (Cochlea-Implantat) erhalten soll, das, wenn alles gut geht, einen schnelleren Erwerb der Lautsprache ermöglicht.
Wir, d. h. Laras Erzieherinnen, die Kolleginnen, die Mayubi und Ralf betreuen und einige andere werden gemeinsam mit Laras Mutter Gebärdenkurse belegen. Wir wissen, dass es nicht einfach ist, im fortgeschrittenen Alter eine zweite Sprache zu erlernen. Wir hoffen jedoch, dass die unmittelbare, tägliche Anwendung uns dazu verhilft, wenigstens einen Grundwortschatz recht fließend zu erwerben, den wir mit Lara, Ralf, Mayubi und allen anderen Kindern anwenden können. Wir sind sehr zuversichtlich, denn schon jetzt benutzen die Kinder analoge selbstausgedachte Gebärden begleitend zur Lautsprache, die es ihnen erleichtern, ihre Spielwünsche deutlich zu machen.
Laras Therapeuten, der eigentlich zu den »Gebärdengegnern« bei Kindern mit einem Resthörvermögen gehört, danken wir für seine Unterstützung. Ihm war der Wunsch der Mutter, die Kommunikationsmöglichkeiten für sich und Lara so schnell wie möglich zu verbessern, wichtiger als

seine fachliche Überzeugung. Er hat damit meiner Ansicht nach seine Fachkompetenz unter Beweis gestellt.

Wir, die Fachleute, dürfen und müssen beraten, doch nie ohne den Kontext der psychischen und sozialen Situation des Kindes und seiner Eltern zu berücksichtigen. Wir dürfen die Eltern auch nicht bedrängen. Wir müssen ihnen Raum und Zeit lassen für ihre Entscheidungen. Welche Form in der Zusammenarbeit mit Eltern wir wählen, seien es Tür- und Angelgespräche, Entwicklungsgespräche, Elterncafés, Feste, Elternabende, Elternzirkel, Gesamtelternabende, Informationsabende usw., ist immer auch abhängig von dem Ziel, das wir gerade verfolgen. Gruppenprobleme bedürfen keiner Einzelgespräche, ein Konflikt kann nicht in einem Tür- und Angelgespräch angesprochen oder gar gelöst werden. »Neue« Eltern benötigen vielleicht eher die Zwanglosigkeit eines Elterncafés als einen themenbezogenen Elternabend, um einander erst einmal kennen zu lernen. Wenn bei der Aufnahme bekannt ist, dass ein- oder zweimal im Jahr mit den Eltern eines jeden Kindes ein so genanntes Entwicklungsgespräch gemacht wird, fühlen sich Eltern nicht zitiert oder gar diskriminiert. Wenn Eltern die unterschiedlichen Formen der Elternarbeit immer auch als eine Möglichkeit der Begegnung erleben, werden sie sie akzeptieren als ein Forum, das von ihnen aktiv genutzt werden kann, Wünsche zu formulieren, Kritik zu äußern, sich Rat zu holen, Rat zu geben. Für Kinder, die erfahren, dass ihre Eltern anderen Eltern und den Erzieherinnen vertrauensvoll begegnen, bedeutet das Sicherheit, die ihnen hilft, den Lernort Kindergarten optimal zu nutzen.

»... Zum Glück habe ich, gleich den meisten Kindern, das fürs Leben Unentbehrliche und Wertvollste schon vor dem Beginn der Schuljahre gelernt, unterrichtet von Apfelbäumen, von Regen und Sonne, Fluss und Wäldern, Bienen und Käfern, unterrichtet vom Gott Pan, unterrichtet vom tanzenden Götzen in der Schatzkammer des Großvaters. Ich wusste Bescheid in der Welt, ich verkehrte furchtlos mit Tieren und Sternen, ich kannte mich in Obstgärten und im Wasser bei den Fischen gut aus und konnte schon eine gute Anzahl von Liedern singen. Ich konnte auch zaubern, was ich dann leider früh verlernte und erst in höherem Alter von neuem lernen musste, und verfügte über die ganze sagenhafte Weisheit der Kindheit.«
(Herrmann Hesse: »Kindheit des Zauberers«)

4.2 Welche Regeln gibt es im Kindergarten für behinderte und nicht behinderte Kinder?

Kinder brauchen Regeln

Häufig wird in Fortbildungsveranstaltungen die Frage nach besonderen Regeln für die Arbeit in integrativen Kindergruppen gestellt. – Es gibt keine! Dennoch ist die Frage nach dem Sinn von Regeln, geeigneten und weniger geeigneten, immer wieder zu stellen. Regeln ordnen eine Gemeinschaft. Sportklubs, Vereine, Religions- und Volksgemeinschaften, Städte, Länder, Staaten, Schulen, Parteien geben ihren Regeln unterschiedliche Namen. Satzungen, Vorschriften, Spielregeln, Ordensregeln, Verordnungen, Landesgesetze, Bundesgesetze weisen darauf hin, um was für eine Art Gemeinschaft es sich handelt. Es gibt über- und untergeordnete Gesetze. Manche Mitgliedschaften und damit deren Regeln können wir wählen, manche nicht oder doch nicht so ohne weiteres. Ich kann Mitglied mehrerer Gemeinschaften sein, jedoch nicht, wenn diese Gemeinschaften entgegengesetzte Ziele haben oder miteinander konkurrieren. Die Mitgliedschaft in einer Gemeinschaft verpflichtet uns zu Einhaltung der Regeln. Regelübertretungen werden bestraft durch gelbe und rote Karten, Bußgelder, Bußgebete, Freiheitsstrafen, Ausschlüsse, Exkommunikationen, Verlust der Staatsbürgerschaft. Je größer eine Gemeinschaft, desto komplizierter ihr Regelwerk. Da kein Mitglied einer so großen Gemeinschaft ein solches Regelwerk im Ganzen kennt, »regeln« Spezialisten die Einhaltung der Gesetze und die Zumessung der Sanktionen; auch dieses ist geregelt. In regelmäßigen Abständen werden die Gesetze überprüft und können verändert werden.

Wenn Gesetze dazu dienen, die Rechte und die Pflichten jedes Menschen gegenüber der Gemeinschaft, sowie die Rechte und Pflichten der Gemeinschaft gegenüber jedem Individuum zu sichern, wenn Sanktionen und Strafen den Zweck verfolgen, die Einsicht in die Notwendigkeit ihrer Einhaltung möglich zu machen, wenn Gesetze veränderbar sind und jedem Mitglied einer Gemeinschaft bekannt ist, wie es sich an der Veränderung beteiligen kann, dann nennen wir das Demokratie. Einrichtungen, in denen Kinder ihr Gemeinschaftsgefühl wie ihre Persönlichkeit ausbilden sollen, müssen ihre Regeln dahingehend überprüfen, ob sie demokratisch sind, d.h. geeignet, dem einzelnen Kind ein Optimum an Freiheit innerhalb einer geregelten Gemeinschaft zu geben, ohne die es die Gemeinschaft nicht annehmen kann und ob es diese Regeln mitbestimmen kann.

Was bedeutet ein Optimum an Freiheit innerhalb einer geregelten Gemeinschaft?

Der Ablauf in jeder Tagesstätte ist zeitlich geregelt. Öffnungszeit, Dienstzeiten des Personals, Mahlzeiten, Besprechungszeiten sind für einen bestimmten Zeitraum festgelegt. Tages- und Wochenablauf weisen immer wiederkehrende Situationen auf. Die Kinder lernen, sich in diesem Zeitrahmen zu orientieren. (*Wenn Kim im Stuhl sitzend ihre Kinder mit Tellern klappern hört, weiß sie, dass das Frühstück vorbereitet wird. Hört sie ähnliche Geräusche vom Spielzimmer aus, erwartet sie das Mittagessen.*) Diese Orientierung in der Zeit, genau zu wissen, was geschieht wann, was kommt vorher, was nachher (nach der Nachmittagsvesper werde ich abgeholt, der Tag, an dem wir einkaufen gehen, heißt Montag), gibt den Kindern Sicherheit. Die Regel muss also lauten: Kinder brauchen Orientierung in der Zeit.

Luigi läuft zum Regal mit den Materialien und beginnt zu weinen. Auf die Frage seiner Erzieherin, warum er weine, schluchzt er »Die Scheren sind weg!« Ein größeres Kind hatte den Kasten mit den Scheren aus dem Regal genommen und Luigi war in seiner räumlichen Orientierung verunsichert.

Die Regel lautet: Kinder brauchen Raumorientierung (Siehe auch unter: Kinder brauchen Räume).

Gitti kommt, wie an jedem Morgen, mit ihrer Mutter kurz nach acht in den Gruppenraum. Die Mutter begrüßt die Erzieherin und geht mit Gitti zur Eingangstür zurück. Dort » schubst« Gitti ihre Mutter hinaus und geht allein in den Gruppenraum zurück. Sie schaut sich um. Ein Kind schneidet mit der Erzieherin Gurken, zwei andere decken den Tisch. Im Spielzimmer spielen einige Kinder »Mutter-Vater-Kind«. Die zweite Erzieherin fragt gerade, ob jemand Lust hat, in der Küche mit ihr Brot zu schneiden. Es sind dieselben Kinder, die jeden Morgen vor Gitti da sind, dieselben Erzieherinnen. Gitti sucht Elke, ihre Freundin. Die Erzieherin erklärt, dass Elke heute etwas später kommt und bietet ihr unterschiedliche Beschäftigungen an. Gitti zögert, eigentlich wollte sie ja mit Elke spielen, doch dann entschließt sie sich, die Paprikaschoten zu waschen.

Aus der geschilderten Szene ergibt sich die Regel: Jedes Kind muss wählen können, ob und wie es sich beteiligt. Diese Regel gilt für alle anderen Situationen des Tagesablaufs ebenso. Jedes Kind muss z. B. wählen dürfen, ob es schlafen will oder nicht. *(Kim, die nicht sprechen und auch nicht mit dem Kopf schütteln oder nicken kann, zeigt dieses, indem sie wach bleibt und besonders laute Geräusche macht. Sie wird wieder in ihren Gruppenraum getragen.)*

Mayubi schiebt die Kartoffel mit dem Finger auf die Gabel, Ralf spießt sie auf, Justus isst mit Messer und Gabel wie die Erzieherinnen.

Jedes Kind beteiligt sich so, wie es seine Fähigkeiten zulassen. Der geregelte Ablauf ist ein Ablauf von Angeboten, die das Kind annehmen oder ablehnen kann, die ihm die Möglichkeit geben, sich nach seinen Fähigkeiten und Bedürfnissen zu beteiligen. Die Regeln müssen Orientierung erleichtern, dürfen aber Spielfreude, Neugier und eigene Erfahrungen der Kinder nicht verhindern. Die Regel, dass nur im Puppenzimmer mit Puppen gespielt werden darf, wenn der Kaufmannsladen in einem anderen Zimmer steht, verhindert z. B. ein Rollenspiel, bei dem »Vater und Mutter mit dem Puppenkind« einkaufen gehen wollen. Die Regel, dass nur drei Tassen auf dem Servierwagen übereinander gestapelt werden dürfen, verhindert die eigene und jeweils individuelle Erfahrung der Kinder, wie hoch so ein Turm sein darf, der ohne umzustürzen in die Küche gefahren werden kann. Regeln müssen flexibel die sehr unterschiedlichen Fähigkeiten der Kinder berücksichtigen. Eine Regel kann nicht lauten: Maximal fünf Kinder dürfen in den Turnraum, sondern so viele Kinder wie selbst organisiert miteinander spielen können und wollen. Ebenso kann es nicht heißen: Laufen, Inlineskaten usw. ist in den Räumen verboten, sondern: Möbel, Spiele und Menschen dürfen nicht umgefahren werden, wer das schafft, kann Inlineskater auch in den Räumen benutzen.

Die Kinder müssen erfahren, dass ihre individuellen Fähigkeiten durch Regeln unterstützt, ihre Bedürfnisse geschützt werden, um sie als sinnvoll für sich und die Gemeinschaft betrachten zu können. Dabei ist es wichtig, dass Kinder die Regeln als Verabredungen für bestimmte Situationen begreifen. *(Wenn Serkan mitspielt – er kann die Karten noch nicht halten und die Farben nicht benennen – spielen wir UNO offen, d. h. jedes mitspielende Kind legt die Karten offen vor sich auf den Tisch, sodass während des Spiels die jeweilige Farbe, die gespielt werden muss, auch gezeigt werden kann. – Solange die Erdwespen hinter dem Schuppen ihr Nest haben, können wir dort nicht spielen.)* Wenn Erzieherinnen den Kindern vorleben, dass Regeln kein unabänderliches Dogma sind, werden Kinder lernen, kreativ und fantasievoll ihren Alltag und ihre Spiele zu »regeln«, und damit ihr Gemeinschaftsgefühl entfalten, das jedes von ihnen mit seinen Besonderheiten umschließt.

4.3 Wie sollen Räume gestaltet sein? – Kinder brauchen Räume

»... Im allgemeinen genügen die räumlichen Anforderungen den entsprechenden Richtlinien ... «, heißt es kurz und knapp in den »Richtlinien und Qualitätsstandards für integrative Kindertageseinrichtungen« der Landesarbeitsgemeinschaft Bayern »Gemeinsam leben – gemeinsam lernen e. V.« (ARBEITSKREIS INTEGRATIVER KINDERTAGESSTÄTTEN, 2000). Mit diesem Anfang könnten wir das Kapitel beenden, denn das angeführte Zitat entspricht unserer Auffassung, wenn damit gemeint ist, dass sich für die integrative Arbeit keine anderen Anforderungen an Räumlichkeiten und Raumgestaltung ergeben als für die Arbeit in so genannten Regeleinrichtungen – denn Kinder sind, unabhängig von ihren körperlichen und geistigen Voraussetzungen, in erster Linie Kinder, deren Bestreben nach Autonomie und Selbstbestimmung, nach Entwicklung all ihrer individuellen Fähigkeiten wir durch geeignete Räume und deren Gestaltung verpflichtet sind zu unterstützen.

Doch genügen die räumlichen Anforderungen dem allgemeinen Auftrag, den die Gesetze den Einrichtungen vorschreiben, wirklich?

Im Berliner Kindertagesbetreuungsgesetz heißt es: *»Bei der Einrichtung von Kindertagesstätten müssen Bau, Ausstattung und Freiflächengestaltung so beschaffen sein, daß eine den Aufgaben und Zielen nach § 3 entsprechende Betreuung der Kinder möglich ist. Je Kind ist eine pädagogische Nutzfläche von 4,5 Quadratmetern anzustreben.«* (SENATSVERWALTUNG FÜR JUSTIZ BERLIN 1998, Kindertagesbetreuungsgesetz, 3. Abschnitt §13 Abs. 1)

Diese Sicherung eines quantitativen Mindeststandards durch ein Gesetz ist wichtig und notwendig. Wenn jedoch Tageseinrichtungen, wie in § 3 des gleichen Gesetzes beschrieben, die Aufgabe haben, familienergänzend zu arbeiten, das jeweilige Umfeld der Kinder zu berücksichtigen und sozial benachteiligte Kinder in ihrer Entwicklung zu unterstützen, dann wäre es angesichts der Tatsache, dass viele Kinder in sehr beengten häuslichen Wohnverhältnissen leben, eine unterstützende Maßnahme, diesen Standard erheblich zu verbessern oder ihn wenigstens dort, wo das Umfeld einer Tagesstätte dies erfordert, ihn flexibel über die anzustrebenden 4,5 Quadratmeter hinaus anzuheben.

Mangelnde Raumkapazität kann sich auch erschwerend für die Aufnahme z. B. eines Kindes mit einer schweren Mehrfachbehinderung auswirken. Damit die Frage nach dem »wohin« von orthopädischen Hilfsmitteln nicht zum unüberwindbaren Hindernis wird, müssen Fachkräfte und Eltern gemeinsam mit Fantasie und »Raumverstand« dieses Problem lösen. Dazu ist es notwendig, in einem ersten Aufnahmegespräch zu klären, welche Hilfsmittel das Kind braucht, ob es sie täglich benötigt oder vielleicht nur einmal in der Woche. In diesem Fall könnten sie nur für diesen einen Tag mit dem Fahrdienst oder mit dem elterlichen Auto in den Kindergarten gebracht und wieder mitgenommen werden. Wenn ein solches Aufnahmegespräch ergibt, dass täglich mehrere sperrige, nicht zusammenklappbare Hilfen notwendig sind, empfehlen wir einen Rundgang durch das Haus, eine genaue Inspektion aller Nischen, Ecken und Abstellkammern. Dabei lässt sich häufig die Feststellung treffen, dass wieder einmal eine Entrümpelung fällig ist, dass die eine oder andere Nische gar nicht genutzt wird, in der nun Platz für Rollator, Stehbrett usw. geschaffen werden kann. Raumgewinn kann auch erreicht werden durch eine veränderte Anordnung der Tische, um dem Spezialstuhl einen Platz zu geben. Vielleicht könnte dieser Stuhl aber auch durch einen für das Kind gleichermaßen zweckmäßigen, jedoch Raum sparenden, ersetzt werden.

Mit gemeinsamer Anstrengung, so meinen wir, lassen sich Raumprobleme dieser Art lösen. Sie ist aber immer noch unbedingt nötig, um der Ausgrenzung besonders von schwer behinderten Kindern entgegenzuwirken.

Wie aber nun sollten Räume gestaltet sein, die die Autonomie der Kinder unterstützen, in denen sie miteinander handelnd lernen können?

Kriterien zur Raumgestaltung

Helligkeit – ist eine Grundvoraussetzung. Mehrere von den Kindern selbst zu betätigende Lichtquellen sollten unterschiedliche Raumteile beleuchten können. Zugleich ist es sinnvoll, über die Einrichtung des Raumes in Bezug auf das einfallende Tages-/Sonnenlicht nachzudenken: Ist die Leseecke am Fenster? Wo (und zu welcher Tageszeit) scheint die Sonne ins Zimmer?

Überschaubarkeit – Spielmaterialien, Werkzeuge, Stifte, Papier u. a. sind in offenen Regalen an festen Plätzen zu finden, sodass Kinder jeden Alters und jeder Größe, Kinder mit eingeschränkter Mobilität und Motorik oder ein blindes Kind sie jederzeit erreichen und – ebenso wichtig – auch leicht wieder einordnen können. Also keine »Türme« aus Spielen bauen, farblich unterschiedliche Papiere nicht über- sondern nebeneinander legen, Bücher, zumindest die für jüngere Kinder, »Lieblingsbücher« und solche, an denen gerade gearbeitet wird, so in Regale ordnen, dass die ganze Einbandseite für die Kinder sichtbar ist. Da diese noch nicht lesen können, brauchen sie die Orientierung durch die Titelseite, um ihre Wahl treffen zu können. Für blinde Kinder könnten z. B. tastbare Symbole an den Regalbrettern angebracht werden.

Reizvoll aber nicht überfrachtet – Es ist wichtig, auf die Balance zwischen Vielfalt und Überschaubarkeit zu achten. So sollten z. B. in einer Verkleidungsecke Röcke, Blusen, Kleider, Hosen, Hüte, Krawatten, Tücher, Schuhe, Taschen usw. vorhanden sein, die jeweilige Stückzahl jedoch beschränkt werden, da erfahrungsgemäß keine Kindergruppe geschlossen zur gleichen Zeit den Wunsch hat, sich zu verkleiden. (Falls dieser Fall doch eintritt, könnte dies ein willkommener Anlass sein, gemeinsam mit den Kindern nach einer Lösung zu suchen.)

Unterschiedliche Perspektiven zulassen – Durch den Einbau von Podesten, Leitern u.ä. sollten die Kinder Gelegenheit haben, den Raum als Raum, d. h. dreidimensional zu erleben. Zur Erweiterung von Perspektiven sind große Spiegel geeignet, die so angebracht werden müssen, dass kleinere Kinder oder Kinder, die sich nur rollend fortbewegen, ebenfalls in die Lage versetzt werden, sich ganz zu betrachten bzw. den Raum hinter sich zu sehen.

Veränderbar sein – Der Gestaltungswille der Kinder, ihr Bedürfnis, sich »ihre« Welt täglich neu zu schaffen, muss unterstützt werden durch das Vorhandensein von Podestelementen, Paravents, Aufhängevorrichtungen für Leinen, Laken usw.

Struktur aufweisen – farblich unterschiedliche Fußbodenbeläge, raumteilende Elemente sowie Deckenabhängungen helfen den Kindern, bestimmte Spiele bestimmten Raumzonen zuzuordnen. Diese Strukturen sollten jedoch offen und variabel sein und von den Erwachsenen immer wieder auf die das Spiel der Kinder unterstützende Wirkung hin überprüft werden. Gegebenenfalls muss mit den Kindern ein »Umbau« geplant und vollzogen werden.

Genussvolles Einnehmen von Mahlzeiten unterstützen – Kleine Tische, die sich miteinander bei Bedarf zu großen Tafeln kombinieren lassen, ermöglichen kleine Tischgruppen, die Tischgespräche und ein Miteinander bei den Mahlzeiten fördern.

Unterschiedliche Stuhlhöhen sind zwar erforderlich, jedoch nicht in der Differenzierung, wie häufig angenommen wird. Vielmehr müssen die Erwachsenen darauf achten, dass jedes Kind bei den Mahlzeiten oder einer anderen Tätigkeit am Tisch eine entspannte Sitzhaltung einnehmen kann. Dazu wird einmal eine Spezialanfertigung eines Stuhles notwendig sein, ein anderes Mal helfen schon Armlehnen oder eine bereitgestellte Fußbank, manchmal auch ein höherer Stuhl mit einer breiten Sitzfläche, auf dem ein kleines Kind, das gern mit den »Großen« essen möchte, im Schneidersitz Platz nimmt. Da Kinder ohne Bewegungseinschränkung selten lange in einer Position verharren, können wir darauf vertrauen, dass sie sich jederzeit in die Lage bringen, die ihnen gut tut. Wir müssen ihr Rutschen, ihr »Auf-einem-Fuß-Sitzen«, »Auf-dem-Stuhl-Knien«, »Kopf-Aufstützen« und ihr Kippeln nur zulassen.

Erreichbarkeit/Eigenständige Benutzung der Einrichtungsgegenstände – Alle Räume einer Tageseinrichtung müssen immer wieder daraufhin überprüft werden, ob sie von den Kindern weitestgehend autonom benutzt werden können. Dazu gehören auch Waschräume und Toiletten für Kinder. Selten sind größere Umbauten nötig. Wenn sich z. B. herausstellt, dass ein Kind den Wasserhahn eines zwar niedrig angebrachten aber sehr großen Waschbeckens von keiner Seite erreichen kann, ist ein Austausch eines Waschbeckens sicher auch in Zeiten knapper finanzieller Ressourcen möglich, vielleicht aber gar nicht sinnvoll, da das Problem nur ein vorübergehendes ist. Ein mit den Kindern gezimmertes und angemaltes Podest und ein Haltegriff an der Wand können die gleiche Wirkung erzielen.

Marco war schon sechs, als er begann, Kontrolle über Blase und Darm zu bekommen. Er konnte sich zwar bemerkbar machen, jedoch nicht ohne Hilfe auf der Toilette sitzen. Wir ließen für ihn ein Podest zum Aufstützen der Füße und einen »Schlagbaum« anfertigen, an dem er sich sowohl während der »Sitzung« als auch nachher festhalten konnte, um sich wieder anziehen zu lassen. Dieses ein wenig Mehr an Selbstständigkeit bereitete Marco solche Freude, dass er sogar Toilettengänge einforderte, wenn sie gar nicht notwendig waren, was er mit verschmitztem Lächeln und einem lang gezogenen »Neeeee« auch zugab, wenn die Erzieherin noch einmal nachfragte.

Leitern oder andere Möglichkeiten, den Wickeltisch zu erklimmen, helfen auch schon den Kleinsten, durch Handeln einen Bedarf anzumelden. (Sie entlasten außerdem die Wirbelsäule der Erzieherin.)

Möglichkeit zum Spielen im Freien – Wie in den Räumen muss auch für die Außenspielfläche gelten: Was ist notwendig, damit Kinder die Spielgeräte, Buddelkästen, Wasserstellen, Baustellen usw. mit ihren Möglichkeiten erreichen und nutzen können? Auch hier muss die Forderung nach Struktur und nach der Möglichkeit der Veränderung erfüllt werden. Die genannten Kriterien: Geborgenheit und Weite, Ruhe und Bewegung, Vielfalt jedoch keine Reizüberflutung sind auch auf die Außenspielflächen von Kindergärten anzuwenden. Plattenwege zu den Spielgeräten, dichte Hecken, Sand-, Rasen- und Steinflächen sowie reichlich vorhandenes Baumaterial (Baumstämme, Zweige, Steine usw.), um nur einiges zu nennen, können dazu beitragen.

Zum Abschluss dieses Kapitels möchten wir noch einmal betonen, dass es unserer Ansicht nach unerlässlich ist, vor der Aufnahme eines jeden Kindes zu prüfen, was es braucht – vorübergehend oder dauerhaft – um die Tagesstätte für sich als angenehmen Spiel- und Lernort nutzen zu können. Ein eigenes Kuschelkissen ist ebenso bedeutsam wie ein Gitterbett für ein blindes Kind, das mit »Schlafen« die Begrenzung seines häuslichen Bettes verbindet, die es ertasten kann und das, durch die »grenzenlose« Matratze des Schlafraums irritiert, nicht zur Ruhe kommt. Manchmal sind es den Lärmpegel senkende Filzplättchen unter Stuhl- und Tischbeinen für ein stark hörbehindertes Kind, eine Rampe für einen Rollstuhl oder auch die Verbreiterung einer Tür. In jedem Fall gilt die Regel: So wenig wie möglich, aber so viel wie nötig.

4.4 Wie kann Therapie in den Kindergartenalltag integriert werden?

»... Soweit therapeutische und heilpädagogische Hilfen gemäß §§ 39 und 40 des Bundessozialhilfegesetzes oder § 35a des Achten Buches Sozialgesetzbuch gewährt werden, sollen diese nach Möglichkeit in die Arbeit der Kindertagesstätte integriert werden.«

(SENATSVERWALTUNG FÜR JUSTIZ BERLIN 1998, Kindertagesbetreuungsgesetz, 1. Abschnitt §5 Absatz 2)

Dienstag ist Schwimmtag. Jeweils fünf Kinder einer Gruppe fahren, begleitet von einer Erzieherin, ins nahe gelegene Hallenbad. Die Schwimmtermine werden vom Hallenbad festgelegt. Die Gruppen können annehmen oder ablehnen, eine Verschiebung ist aus Kapazitätsgründen nicht möglich. Kriterien für die Zusammensetzung einer Fünfergruppe sind:
– Sicherheit im Wasser,
– Selbstständigkeit beim An- und Ausziehen,
– Mobilität,
– Wünsche der Kinder.
Ziel ist eine möglichst ausbalancierte Heterogenität.

Kim und »ihre« Gruppe sind an der Reihe. Aber dienstags kommt auch Frau Schwarz, Kims Physiotherapeutin. Sie ist eine »Externe«, also nicht, wie die beiden anderen Therapeutinnen, die ebenfalls im Kindergarten arbeiten, Angestellte des bezirklichen Gesundheitsamtes und damit zeitlich sehr eingeschränkt. Sie »turnt« an zwei Tagen in der Woche jeweils eine halbe bis eine drei viertel Stunde mit Kim allein, meistens jedoch gemeinsam mit Kims Freundinnen im Gruppenraum, im Turnraum oder im Therapiezimmer. Die Erzieherinnen haben die Wahl zwischen einer Absage an Frau Schwarz oder Kim nicht ins Schwimmbad mitzunehmen. Sie entscheiden sich für keine der beiden Möglichkeiten, sondern fragen Frau Schwarz, ob es möglich wäre, Kims Therapiestunde ins Hallenbad zu verlegen. Der Anfahrtsweg dorthin ist mit dem in den Kindergarten zu vergleichen.

Frau Schwarz akzeptiert den Vorschlag sofort. Der Schwimmtag wird ein voller Erfolg. Frau Schwarz erfährt, dass Kim eine begeisterte »Wasserratte« ist und kann auf der Basis dieser Begeisterung gut mit ihr arbeiten. Die Erzieherinnen und die Kinder lernen von Frau Schwarz, wie Kims Kopf gestützt werden kann, wenn sie sie durchs Wasser ziehen. Von nun an begleitet Frau Schwarz die Gruppe regelmäßig, wenn Kim »dran« ist.

Dieses Beispiel soll verdeutlichen, dass unabhängig von den Rahmenbedingungen, unter denen der therapeutische Einsatz erfolgt, eine Möglichkeit seiner Integration in den Alltag der Kindergruppe gesucht werden muss. Das Gelingen hängt ab von der Bereitschaft und dem Kooperationswillen sowohl der Therapeutinnen als auch der Pädagoginnen (siehe auch Kapitel 3.3: Verhalten von Therapeutinnen). Wie an anderer Stelle bereits erwähnt, kann Therapie, die in der Einrichtung stattfindet, grundsätzlich nicht dauerhaft in der Isolation eines Therapiezimmers stattfinden. Wenn es jedoch zu den Regeln des Kindergartens gehört, dass jedes Kind das Recht darauf hat, mal etwas ganz allein mit einem Erwachsenen zu tun, ist dieses in einigen Fällen möglich. Ein Miteinander jedoch kann nur durch Transparenz der Arbeit entstehen, das heißt, Erzieherinnen, Therapeutinnen und Kinder müssen die Möglichkeit haben, einander bei der Arbeit und beim Spiel zuzuschauen, um voneinander zu lernen.

Bevor Martin gelernt hatte, sich allein aufzusetzen, zottelten seine Freundinnen, nachdem er ihre Frage, ob er sitzen wolle, mit »Jjjja!« beantwortet hatte, häufig lange an ihm herum, bis sie ihn in die gewünschte Position gebracht hatten.
Diese Kraftanstrengung beobachtete eines Tages seine Therapeutin. »Martin, soll ich deinen Freundinnen zeigen, wie sie dir helfen können, dich allein aufzusetzen?« Martin bejahte auch diese Frage, ließ sich zur Seite fallen und drehte sich auf den Rücken. Die Therapeutin fixierte nun mit beiden Händen Martins Fußgelenke. Martin hob den Kopf, spannte seine Bauchmuskeln, saß und strahlte.
»Das will ich auch versuchen!« bat Julia sehr aufgeregt. Martin hatte verstanden, ließ sich bereitwillig wieder zu Seite fallen und drehte sich auf den Rücken. Julia hatte genau zugeschaut, sie fixierte die Fußgelenke an der selben Stelle wie vorher die Therapeutin. Es klappte. Martin konnte sich auch mit ihrer Hilfe aufsetzen. Eine halbe Stunde spielte die Gruppe das Spiel »Hinsetzen«, wobei der Therapeutin die Aufgabe zufiel, darauf zu achten, dass auch die Mädchen Martins Rolle einnahmen, um Martin einen Muskelkater zu ersparen.

Eine solche Situation kann sich nur ergeben, wenn der Zeitrahmen so großzügig bemessen ist, dass die Therapeutin Gelegenheit hat, Gruppengeschehen zu beobachten, und wenn sie ihre Rolle dahingehend versteht, das Miteinander der Kinder durch Kompetenzerweiterung sowohl der behinderten wie auch der nichtbehinderten Kinder zu unterstützen. Martin muss seinen Wunsch, sitzen zu wollen, aus eigener Kraft umsetzen und kann so zeigen, was er kann. Seine Freundinnen lernen, ihn »fachgerecht« zu unterstützen, ohne ihm seine Kompetenz zu nehmen.

Anna ist Logopädin. An zwei Tagen in der Woche arbeitet sie mit »ihren« Kindern: Jens und Mayubi. Alle zwanzig Kinder der Gruppe kennen Anna. Auch die anderen Kinder des Kindergartens kennen Anna, denn sie ar-

beitet nicht nur in der einen Gruppe. Manche Hortkinder kennen Anna noch »von früher«.
Die Kinder aus Jens' und Mayubis Gruppe wissen, dass der Tag, an dem Anna da ist, entweder Montag oder Mittwoch heißt. Wenn Veronika fragt, wer heute mit einkaufen geht, wissen sie, es ist Montag. Sie wissen auch, dass sie im Morgenkreis sagen können, ob sie mit Anna, Jens und Mayubi »Wir gehen zum Arzt« spielen wollen oder lieber Bilderlotto, ob das im Gruppenraum oder im Therapiezimmer geschehen soll. Es ist selbstverständlich, dass Anna am gemeinsamen Frühstück, das die Kinder mit den Erzieherinnen vorbereitet haben, teilnimmt. So kann sie beobachten, wie Jens die gelernte Geste für »trinken« einsetzt und dass diese von den Kindern bemerkt, verstanden und übersetzt wird. »Hella, Jens möchte trinken!« Sie sieht, dass Mayubi deutlich machen kann, dass sie allein eingießen möchte, dass sie die Milchkanne ergreift, gut gezielt die Milch in die Tasse gießt und mit einem rechtzeitigen »Stopp!« verhindert, dass die Tasse zu voll wird.

Anna erfährt durch die selbstverständliche Teilnahme am Alltag sehr viel über die Lernfortschritte ihrer Kinder, ohne dass sie diese abprüfen oder erfragen muss. Sie gewinnt unmittelbare und eindrucksvolle Bestätigung und Anregung ihrer Arbeit (Schüttspiele mit Reis, Erbsen oder Flüssigkeiten z.b. können gut in das Kaufmannsladenspiel oder das Vater-Mutter-Kind-Spiel integriert werden). Sie wird Hella bitten, bei den nächsten Wasser-Plantsch-Spielen noch mehr unterschiedliche Gefäße bereitzustellen, die es Mayubi und den anderen Kindern möglich machen, »Eingießen« zu spielen.
Wenn Therapie im Kindergarten stattfinden soll, müssen Therapeutinnen und Pädagoginnen sich darüber verständigen, wie sie gemeinsam Kompetenzerweiterung für alle Kinder erreichen können. Dazu müssen sie bereit sein, voneinander und von den Kindern zu lernen.
Eine Therapie, die den Kindergarten-Alltag und die Bedeutung des Miteinanders der Kinder sowie den Willen des einzelnen Kindes ignoriert, ist nicht nur unwirksam, sondern schädlich und sollte abgebrochen werden. Integration kann auch ohne Therapie im Kindergarten gelingen.
Was kann eine Einrichtung tun, um eine kontinuierliche Zusammenarbeit von Therapeutinnen und Pädagoginnen vorzubereiten und gleichzeitig Konflikten vorzubeugen? Denn: Eine Beendigung der Zusammenarbeit hat immer auch den Verlust einer Bezugsperson für die Kinder zur Folge, was, wenn es möglich ist, vermieden werden soll.
Uns erscheint es wichtig, dass ein Team für sich ein Konzept erarbeitet, wie Therapie die Arbeit mit den Kindern im o. g. Sinn unterstützen soll. Dieses sollte sich auf die realen Möglichkeiten beziehen (Gibt es ein bezirkliches/örtliches Therapeutenteam, freie Teams, Frühförderstellen oder ausschließlich externe Therapeuten? Wie arbeiten diese? Ausschließ-

lich in ihren Praxen oder auch in Einrichtungen?). Es darf aber durchaus ein »Wunschkonzept« sein, denn es dient vor allem dazu, sich im Team einen gemeinsamen Standpunkt zu erarbeiten.
Eltern, die ihre Kinder mit Behinderung in die Einrichtung geben wollen, müssen über diesen Standpunkt informiert sein, bevor sie einen Vertrag schließen, denn sie müssen sich entscheiden können, ob sie für ihr Kind Therapie im Kindergarten oder außerhalb des Kindergartens wollen.

(Vielleicht wird das Kind schon lange therapeutisch betreut. Die Eltern sind mit der Therapie zufrieden und können es auch weiterhin so einrichten, dass die Therapie außerhalb der Kindergartenzeit stattfindet. In einem solchen Fall könnten Informationgespräche zwischen Eltern, Therapeutinnen und Erzieherinnen in einem zeitlich festgelegten Rahmen vereinbart werden. Eine zusätzliche Therapie in der Einrichtung wäre dann nicht nötig.)

Herrscht Einvernehmen darüber, dass Therapie im Kindergarten stattfinden soll, muss in einem vorbereitenden Gespräch geklärt werden, ob sich die konzeptionellen Vorstellungen der Einrichtung mit denen des Therapeuten- oder Frühförderteams bzw. der externen Therapeutin vereinbaren lassen. Zeitrahmen, Kooperationsform und Aufgabenverteilung sollten möglichst genau besprochen werden, um Missverständnisse möglichst gering zu halten.
Therapeutin und Erzieherin müssen dann gemeinsam mit den Eltern die Form ihrer Beteiligung vereinbaren (z. B. Hospitation, Gespräche, Bereitstellen von Hilfsmitteln usw.).
Es geht bei diesen notwenigen Verabredungen nicht darum, Therapeuten oder Eltern das eigene Konzept, den eigenen Standpunkt »überzustülpen«. Es geht darum, durch Klarheit die Möglichkeit zum Miteinander zu schaffen.
Da für jedes Kind die Frage nach der Quantität von therapeutischer Versorgung und ebenso nach der Zeit und dem Ort, in dem diese stattfinden soll, neu und in zeitlichen Abständen immer wieder gestellt werden muss, gibt es ein Vielzahl von Möglichkeiten, den die Integration unterstützenden therapeutischen Ansatz umzusetzen.

4.5   Altersmischung – oder: Welche Struktur sollte eine integrative Gruppe haben?

Im Gruppenraum haben die Kinder einen Stuhlkreis aufgebaut. Dieses geschieht jeden Morgen so ungefähr um halb zehn. Von den zwanzig Kindern der Gruppe sind sechzehn da.

Endrit stellt eine Fußbank vor einen Stuhl, tippt ein kleines Mädchen an und sagt, auf Stuhl und Fußbank zeigend: »Mayubi, komm!« *Mayubi hat ihn verstanden, antwortet mit ihrem Lieblingswort* »ja« *und klettert auf den ihr angebotenen Platz. Leon (5) holt gleich zwei Fußbänke und platziert sie vor zwei Stühlen. Er setzt sich neben einen Stuhl mit der Fußbank und ein kleiner blonder Junge – es ist Jens (4) – klettert mit strahlendem Lächeln über die Fußbank auf den Stuhl. Christina (6) hat sich auf den Stuhl neben der noch nicht bekletterten Fußbank gesetzt und fordert Dustin (4) auf, sich zu setzen, was Dustin auch tut. Sein Bruder, Benito, wählt den Platz an Christinas rechter Seite. Augustin, Egzon und David (alle drei sind sechs Jahre alt) haben links neben Leon Platz genommen, dann folgen Luisa (5), Cindy (5) und Alex (3). Cindy bemerkt, dass Alex noch eine Fußbank braucht und holt sie. Leonie (3) möchte unbedingt neben Makbule (eine Erzieherin) sitzen, Clarissa (3) ebenfalls, also setzt sich Makbule zwischen die beiden. Kiara (2 ½) ist mit ihrem Platz – dem einzig noch freien – zwischen Endrit und Clarissa ausnahmsweise zufrieden. Sie erkennt genau, dass wählen dürfen besser ist als nehmen müssen, was da ist. Die beiden anderen Erzieherinnen, Hella und Veronika, haben ihre Plätze neben Jens und Mayubi. Anna, die Logopädin, die an diesem Tag ebenfalls anwesend ist, sitzt neben Hella. Die zum Morgenkreis gehörende Platzauswahl ist beendet, es kann losgehen.*

Die Kinder im Alter zwischen zweieinhalb und sechs kennen ihr Morgenritual genau. Je nach Alter und Entwicklungsstand wissen sie Anfang und Ende, Reihenfolge von fest stehenden und variablen Bestandteilen, gestalten mit durch Vorschläge, Erzählungen, Berichte, hören zu oder wollen »dran sein«, *beherrschen die äußere Form oder verstehen die Bedeutung des Rituals für den Tagesablauf.*

Während Mayubi – sie ist ein vierjähriges Mädchen mit Down-Syndrom, auf die Frage, ob sie da sei, auf sich zeigt und »Ich ... da« *sagt, Alex sich nicht traut, sodass Leonie für ihn spricht* »Alex ist da«, *die Erzieherin Hella Jens' Hand nimmt (manchmal tut es auch Leon), auf ihn zeigt und deutlich* »Ich bin da« *sagt (Jens hat ebenfalls ein Down-Syndrom und ist vier Jahre alt), können Augustin, David, Leon, Luisa, wenn sie gefragt werden, erklären, dass der Morgenkreis dazu dient, einander zu begrüßen, festzustellen, wer fehlt und warum und um* »wichtige Sachen« *zu besprechen. Zu den wichtigen Sachen gehören die Wünsche der Kinder und die Angebote der Erzieherinnen oder auch Ereignisse aus Eltern-haus und Kindergarten.*

An diesem Tag – es ist ein Mittwoch, denn Anna ist da – gilt es zu klären, wer mit ihr und Christina – ihretwegen ist Anna in der Gruppe – »Kauf-mannsladen« spielen möchte. Christina wünscht sich ihren Freund Beni-to, doch der hat heute keine Lust. Er möchte lieber ein Boot basteln. Dafür melden sich Dustin, Clarissa und Cindy. Christina ist damit zu-frieden. Leon möchte an der Staffelei malen. Luisa will nach dem Mor-genkreis die Tiere füttern, Augustin hat heute auch Lust dazu. David er-innert daran, dass immer wenn Anna da ist, doch Plantschtag ist, den alle bis auf Augustin nun begeistert einfordern. Deshalb muss jetzt noch besprochen werden, wer wann und mit wem plantschen will, denn für die ganze Gruppe ist der Waschraum zu klein, und das Wetter lässt an die-sem Tag keine Spritz-, Tauch-, Schaum-, und Wasserpustespiele im Gar-ten zu. Das haben die Kinder mit ihrem täglichen Wetterkalender bereits festgestellt.

Hella, die »für Wasserspiele zuständige Erzieherin«, bittet darum, zwei Gruppen zu bilden. Luisa schlägt vor, dass heute einmal alle Mädchen zusammen und danach alle Jungen plantschen sollen. Egzon ist einver-standen, will aber, dass die Jungen anfangen. Endrit möchte jedoch un-bedingt mit Mayubi und Benito unbedingt mit Christina »dran sein«. Au-gustin wirft ein, dass dann die Mädchengruppe viel kleiner sei als die Jungengruppe. Leon findet das doof, denn »dann haben wir viel weniger Platz«. Dann fügt er staunend hinzu: »Woher weißt du das eigentlich?« Augustin erklärt ruhig, dass er die Mädchen und die Jungen gezählt habe. Es waren sieben Mädchen und neun Jungen. »Wenn jetzt Benito und Endrit zu den Mädchen gehen, sind das neun und die Jungen nur noch sieben, und wenn ich auch nicht mitmache, sind es nur noch sechs.« Leon blickt fragend zu Hella und als die nickt, bewundernd zu Augustin. Hella nutzt die Gelegenheit und fragt, ob die Jungen für mehr Platz im Waschraum vielleicht doch erst als Zweite dran sein möchten. Da sie zögern, fügt sie hinzu. »Ich könnte mir vorstellen, dass Jens gern Zweiter wäre, ihr wisst doch, er muss immer erst eine Weile zuschauen, bevor er sich traut!« Das Argument überzeugt die Jungen, und die Mädchen sind bereit, Benito und Endrit in ihre Gruppe aufzunehmen, wenn sie dafür anfangen dürfen.

Die Erzieherinnen entscheiden sich an diesem Tag dafür, kein Lied mehr zu singen und teilen dieses den Kindern mit. Diese sind einverstanden. Alex rutscht sofort von Makbules Schoß, den er inzwischen erklommen hatte. Ihrer Aufforderung, seinen Stuhl wieder an den Tisch zu stellen, kommt er nach, dann ist er ins Spielzimmer verschwunden. Ein Tag hat begonnen.

Um die Sinnhaftigkeit der Altersmischung für die Arbeit mit Kindern mit und ohne eine Behinderung deutlich zu machen, hätte ich auch ein anderes Beispiel aus dem Kindergarten-Alltag wählen können, z. B. die Vorbereitung des täglichen Frühstücks, die Gestaltung einer Geburtstagsfeier oder eines anderen Festes oder »nur« einen Waldspaziergang. Alle Beschäftigungen und Projekte, die komplex genug sind, das Interesse aller Kinder zu irgendeinem Zeitpunkt zu wecken, die einerseits auf den Erfahrungen der Kinder aufbauen und andererseits neue, unbekannte Möglichkeiten bieten, die Wiedererkennungswert haben, aber ausreichend Gelegenheit bieten, zu erfinden, zu verändern und zu gestalten, belegen dies.

Ich habe den Morgenkreis gewählt, weil er als ein Ritual eben genau diesen Wiedererkennungswert hat, der für kleinere Kinder, aber auch für Kinder, die um zu lernen mehr Wiederholungen brauchen als andere, so wichtig ist, der aber jeden Tag auch ein wenig anders ist und von den Kindern gestaltet werden kann. Alle an einem Tag in der Gruppe anwesenden Kinder und Erwachsenen nehmen am Morgenkreis teil.

Beginn: Gegenseitige Wahrnehmung und Begrüßung
– Wer ist heute da?
– Wer ist heute nicht da, was wissen wir darüber?

Orientierung in der Zeit
– Welcher Tag ist heute? – Woran erkennen wir das? – Eine bestimmte Person ist da oder nicht da – eine bekannte Symbolkarte liegt in der Kreismitte – gestern war der Kindergarten geschlossen, also ...

Wie ist das Wetter heute?
- Was bedeutet das für uns – brauchen wir Regenkleidung? Können wir barfuß laufen, einen Schneemann bauen, in Pfützen springen?

Was gibt es Neues?
- Kinder oder Erwachsene berichten
- Was möchtet ihr tun?
- Wir bieten an ...
- Planung und Gestaltung des Tages

Abschluss
- Lied oder kleines Bewegungsspiel, Zurückstellen der Stühle

Zur Kommunikation werden Sprache, unterstützende Gebärden und verabredete Symbole (Gegenstände oder Bildkarten) genutzt. Die Erwachsenen geben Impulse, begleiten aber intervenieren wenig. Sie beobachten und sorgen dafür, dass jedes Kind, das gehört werden will, ganz gleich, ob es das durch Mimik und Gestik, durch Bewegung oder Sprache tun will, auch gehört wird. Sie beruhigen durch Körperkontakt (sich neben ein Kind setzen, es streicheln, es auf den Schoß nehmen). Sie nehmen Einfluss auf die Dauer des Morgenkreises, kürzen einige Elemente, lassen eines ausfallen, wenn sie bemerken, dass die allgemeine Aufmerksamkeit nachlässt.
Durchschnittliche Dauer: 15 Minuten (maximale Dauer: 30 Minuten)

Die große Altersstreuung der Kinder und die damit verbundenen unterschiedlichen Entwicklungsstufen erweitern die Lernmöglichkeiten jedes Kindes im Morgenkreis und in vielen anderen, von ihnen als sinnvoll betrachteten Alltagsbeschäftigungen. Die Kinder erleben die Vielfalt der Ausdrucksmöglichkeiten und Problemlösungsmöglichkeiten als Lernanreize, die sie nutzen können, jedes für sich nach seinen Interessen und Fähigkeiten, in seinem Tempo zu der von ihm bestimmten Zeit. Sie haben in der altersgemischten Gruppe immer wieder Gelegenheit, Gelerntes zu festigen, da jüngere Kinder oder Kinder mit anderen Fähigkeiten sich gern helfen, etwas zeigen oder erklären lassen. Kein Kind muss vorführen, dass es schon eine Schleife binden kann. Es kann es einfach für ein jüngeres Kind oder ein Kind mit einer motorischen Störung tun. Es bekommt Anerkennung für diesen sinnvollen Gebrauch seines neuerworbenen Könnens durch das Tun selbst – ich kann es – aber auch durch ein »Danke« des jüngeren Kindes oder durch den zweiten hingestreckten Fuß. Je häufiger Kinder erleben, dass sie etwas können, desto mehr wächst ihr Selbstwertgefühl. Mit einem starken Selbstwertgefühl aber sind sie eher in der Lage, aufmerksam und einfühlsam aufeinander zu reagieren und die Fortschritte und das Können anderer anzuerkennen, um wiederum selbst davon zu profitieren. Mayubis »Ich ... da!« wird als Leistung ebenso bemerkt und anerkannt, wie Augustins Mengenerfassung, Jens' aufmerksames und genaues Lottospiel, Luisas Mut, die Ponystute zu führen, Leons Zeichenkünste, Endrits Fortschritte in der deutschen Sprache.

Die Erfahrung eigener Kompetenz ist in einer altersgemischten Kindergruppe für jedes Kind eher möglich als in einer altershomogenen, in der üblicherweise Maßstäbe gelten und Vergleiche gezogen werden, die Konkurrenz und Druck erzeugen. Etwas nicht zu können wird in der heterogenen Gruppe ebenfalls nicht als so schmerzlich erlebt, da Anderssein, anders sprechen, anders laufen, anders verstehen zur Normalität einer solchen Gruppe gehören.

Altersmischung ist daher unserer Ansicht nach die beste Struktur für Kindergruppen, die nicht aussondern sondern integrationspädagogisch betreut werden. Sie ist jedoch keine Voraussetzung für das gemeinsame Spielen und Lernen in Kindergruppen. Sie können also ein Kind mit einer Behinderung in Ihre Gruppe aufnehmen, auch wenn es sich um eine altershomogene Krippen- oder Kindergartengruppe handelt. Wenn Sie bereit sind, dieses Kind mit seinen besonderen Bedürfnissen wahrzunehmen, wird sich die Art, wie Sie die anderen Kinder wahrnehmen, ganz allmählich ändern. Gerade das Kind mit seiner mehr oder weniger offensichtlichen Schädigung wird Ihnen helfen, die anderen Kinder weniger im Vergleich zu anderen zu sehen, als im Vergleich mit sich selbst. »Was konnte es, als es zu uns kam, was kann es jetzt? Wo sind seine Interessen, seine Fähigkeiten, was braucht es, diese weiter zu entwickeln?« Sie werden Ihre Spielangebote nicht nur in Bezug auf das Alter als vielmehr auf den Entwicklungsstand auswählen. Sie werden beobachten, dass Kinder sich für unterschiedliche Beschäftigungen andere Spielpartner suchen. Ihre Kriterien sind dabei nicht nur das Alter sondern ebenso die augenblickliche emotionale Befindlichkeit, die eigenen wie auch die Fähigkeiten der anderen Kinder. Um den Kindern diese breite Palette an Kompetenzen täglich zur Verfügung stellen zu können, werden Sie sich vielleicht eines Tages dazu entschließen, die Struktur der Altersmischung in Ihrer Einrichtung einzuführen.

Wenn bisher wie selbstverständlich von Altersmischung beziehungsweise von altersgemischten Gruppen gesprochen wurde, so wohl deshalb, weil wir 1993 diese Struktur nach beinahe zweijähriger Vorbereitung in unserer Einrichtung eingeführt haben. Mir ist jedoch bewusst, dass es weder in der Literatur, noch in den Qualitätsdiskussionen zur Integration im vorschulischen Bereich und den dazugehörenden Veröffentlichungen Aussagen zur Altersmischung gibt. Ich muss mich daher auf eigene, langjährige Erfahrungen und Diskussionen im Erzieherinnen- und Leitungsbereich beziehen, wenn ich im Folgenden einige Kriterien zur Zusammensetzung von altersgemischten Gruppen nenne, denn Altersmischung darf nicht als Alibi für den Wegfall jeglicher Überlegungen zur Zusammensetzung von Gruppen verstanden werden, nur um etwa die Kindertagesstätte voll auszulasten. Jede altersgemischte Gruppe für Kinder im Vorschulalter sollte für alle in Frage kommenden Alterstufen mehrere Plätzc zur Vcrfügung stellen, um den Kindern Gelegenheit zu geben, sich an jüngeren, älteren und gleichaltrigen zu orientieren.

In jeder Altersstufe sollte ein Gleichgewicht zwischen Jungen und Mädchen angestrebt werden, mindestens jedoch in zwei angrenzenden Gruppen, um Rollenidentifikationen zu erleichtern. Mindestens zwei Kinder, höchstens jedoch vier bis fünf sollten Kinder mit einer Behinderung sein, um ihnen über ihre Behinderung hinaus nicht noch eine besondere, d. h. einmalige Stellung zu geben. Die Obergrenze wird abhängig sein von der Gesamtgröße der Gruppe.

Die Anstrengung, die es kostet, eine ausgewogene Gruppe zusammenzustellen, sollten Sie unbedingt auf sich nehmen. Wenn wir wollen, dass alle Kinder eines Einzugsbereiches »ihren« Kindergarten besuchen können, um entstehende Freundschaften und Bindungen auch außerhalb der Kindergartenzeit festigen zu können, kann es natürlich nicht gelingen, »ideale« Gruppen zusammenzustellen. Das soziale Umfeld einer Kindertagesstätte ist ebenso wenig zu beeinflussen wie Dringlichkeitsstufen, nach denen Kinder aufgenommen werden müssen. Dennoch lohnt es sich, mit den Trägern von Einrichtungen für die Optimierung der Gruppenzusammensetzung zu verhandeln, um vielleicht einmal eine Ausnahmeregelung vom Stufensystem zu erwirken, das ja sowieso nicht den Bedarf des einzelnen Kindes, sondern den der Eltern erfasst. Der Bedarf eines Einzelkindes aus einem sozial gesicherten Elternhaus, dessen Mutter nicht berufstätig ist, lässt sich jedoch durchaus mit dem eines Kindes in einer Geschwisterreihe vergleichen, dessen Eltern, um ihr Existenzminimum zu sichern, ganztägig berufstätig sein müssen. Es lohnt sich ebenfalls, mit Nachbarkindergärten zu kooperieren, um zu ausbalancierten Gruppen zu gelangen oder darüber nachzudenken, ob nicht ein Kind mit einem zugewiesenen Teilzeitplatz eine wunderbare Ergänzung gerade für diese Gruppe sein könnte, obwohl es einen geringeren Personalschlüsselanteil »mitbringt«.

Die Größe einer solchen altersgemischten Gruppe wird bestimmt von der Größe und Anzahl der zur Verfügung stehenden Räume und von der Kooperationsfähigkeit der Erzieherinnen.

Anfangs kann es leichter sein, mit einer kleineren Gruppe, in der zwei Kolleginnen arbeiten, zu beginnen. Später können sich zwei Gruppen zu einer Einheit zusammenschließen.

Noch später kann aus dieser Einheit eine Gruppe werden, für die dann mindestens vier Kolleginnen zuständig sind, die gemeinsam planen und den Alltag für die Kinder gestalten.

Wie auch immer Sie beginnen, wichtig ist eine sorgfältige Planung und Vorbereitung, wenn möglich, begleitet von Mitarbeiterinnen eines Kindertagesstätten-Beraterteams. Notwendig sind Elternabende, in denen die eventuell notwendigen baulichen bzw. räumlichen, die strukturellen sowie die konzeptionellen Veränderungen (z. B. keine spezielle »Vorschularbeit« mit den ältesten Kindergartenkindern mehr) den Eltern vorgestellt und mit ihnen diskutiert werden. Sich Zeit lassen, mit den Eltern Probleme und Fragen zu erörtern, Ängste und Besorgnisse, pro und contra zu benennen und zu diskutieren, ist unerlässlich, um für Ihr Vorhaben eine sichere Basis zu erreichen.

Eine Frage, die in unserer Vorbereitung immer wieder auftauchte, lautete: »Wird mein Kind schulreif, wenn Sie keine Vorschularbeit mehr machen?« Wir diskutierten ausführlich Lernprozesse von Kindern, wirklich überzeugen konnten jedoch nur unsere Beispiele aus dem Alltag. (Die Frage, ob Kinder nicht weniger lernen, wenn ein Kind mit einer Behinderung in der Gruppe ist, wurde uns übrigens nie gestellt.)

Julia (4) fragt eines Tages die Erzieherin: »Warum sabbert Marco eigentlich so?« Sie hatte aus diesem Grund nie neben ihm sitzen wollen. Die Erzieherin überlegt einen Moment, nimmt einen Holzbaustein und fragt: »Wer hat Lust, Zahnarzt zu spielen?« Einige Kinder werden aufmerksam. »Wie geht das?« Die Erzieherin bittet nun die Kinder, einen Baustein in den Mund zu nehmen. Max fragt noch schnell, was das mit Zahnarzt zu tun habe und Fabian erklärt, dass da doch auch immer so was in den Mund geklemmt werde, damit der Mund nicht zuklappt. Bereitwillig nehmen alle Kinder den Baustein in den Mund und verziehen schon nach wenigen Minuten das Gesicht. Die Erzieherin mahnt die Kinder, den Stein noch etwas im Mund zu behalten. Einige tun es, einige nehmen ihn heraus. Kommentare wie »Ih!« »Da kommt so viel Spucke!« »Ich kann nicht mehr schlucken!« fallen. Julia bemerkt, dass es bei Max »überläuft«. »Jetzt sabbert Max auch!« ruft sie erstaunt. In dem anschließenden Gespräch finden die Kinder heraus, dass sie ihre Spucke immer »runterschlucken«, das aber gar nicht bemerken. Julia hat plötzlich eine Erleuchtung. »Marco sabbert, weil er nicht schlucken kann.« »Kann er wohl, er kann doch auch sein Essen runterschlucken«, entgegnet Max. Die Erzieherin bestätigt Max' Ansicht und erinnert daran, dass sie doch herausgefunden haben, vom Spucke-schlucken nichts zu bemerken. Fabian meldet sich zu Wort. »Ich glaube ich weiß es«, sagt er ganz aufgeregt, »also, beim Essen, da merkt Marco, dass er was im Mund hat und kann schlucken, die Spucke merkt er nicht und deshalb schluckt er nicht. Ich meine, er muss etwas merken, damit er das kann«.

Fabian hatte damit den unwillkürlichen Schluckreflex erklärt, die Erzieherin nannte den Kindern auch den Fachausdruck, dem sie ohne Marco erst in im Biologieunterricht der dritten oder vierten Grundschulklasse begegnet wären. Solche und viele andere Beispiele über das Lernen von

Kindern überzeugten Eltern und uns. Aber noch etwas anderes wurde an den Beispielen deutlich. Nicht nur Kinder mit einer Behinderung profitieren vom gemeinsamen Lernen, sondern gerade auch ältere Kinder mit genauer Beobachtungsgabe lernen von Kindern mit einer Behinderung, vorausgesetzt, dass sie von Erwachsenen begleitet werden, die ihre Fragen ernst nehmen und sie zu Lernsituationen umgestalten können. Die Kinder spielten in der Folgezeit übrigens noch häufig selbstständig und erklärten einander gegenseitig den Schluckreflex. Einige benutzten sogar den Fachausdruck. Julia bat einige Tage später zum ersten Mal, neben Marco sitzen zu dürfen. Sie wurde zu Marcos engster Freundin, einer »Marco-Spezialistin«. Sie wusste, wie Marco sitzen musste, um spielen zu können, sie wusste, dass sein Malblatt auf dem Tisch festgeklebt werden musste, damit es nicht verrutschte, sie wusste, wie sie seine Beine arretieren musste, damit er sich aufsetzen konnte. Sie war die Erfinderin des »Lehrerspiels«, bei dem Marco der Lehrer war und Bewegungen vormachen musste, die von den Mitspielern nachgeahmt wurden. Alle Beteiligten nahmen dieses Spiel sehr ernst, d. h. sie achteten genau darauf, die durch seine Spastik komplizierten Bewegungen, die Marco vormachte, so genau wie möglich nachzuahmen. Gleichzeitig hatten alle einen Riesenspaß an ihren Turnübungen, die Marco zu so viel Aktivität anregten, wie sie seine Physiotherapeutin bei ihm nie erzeugen konnte.

4.6 Gibt es besondere Spiele und Spielmaterialien für Integrationsgruppen?

In der Vorbereitung zu diesem Buch waren wir lange unschlüssig, ob ein Kapitel über Spiele und Spielmaterialien überhaupt hineingehört, richtet es sich doch an erfahrene Eltern, Erzieherinnen und Therapeutinnen. Wir entschlossen uns dazu hauptsächlich deshalb, weil sehr häufig in Aus- und Fortbildungen gefragt wird, ob nicht besondere Spielmaterialien zur Förderung von Kindern mit einer Behinderung notwendig seien. Die Kolleginnen verweisen dann immer auf das heute in den Katalogen führender Spielzeughersteller niemals fehlende Stichwort »Integration«, worunter wunderbare, sehr teure Spielmaterialien, Spielzeuge, Turngeräte, Hilfsmittel, ja ganze Räume abgebildet sind, die suggerieren, dass ohne diese vielen Dinge Integration nicht möglich sei. Selbst sehr erfahrene Kolleginnen, die den Verlockungen der übrigen Angebote in den Katalogen durchaus widerstehen können, »fallen darauf herein«. Um diese Kolleginnen zu beruhigen, um ihnen Mut zu machen, auch ohne ein Snoezelezimmer ein Kind mit einer Behinderung in ihre Einrichtung mit dem schmalen Budget aufzunehmen, ist dieses Kapitel entstanden. Skizzenhaft wollen wir deshalb Vorschläge für eine Materialsammlung

(Naturmaterialien, Werkzeuge, Spielgeräte) machen und an einem Beispiel veranschaulichen, wie spielerisch Lernprozesse schon mit wenigen einfachen Materialien ausgelöst werden können.

Naturmaterialien
- Zapfen von Nadelbäumen
- Obstkerne (Kirschsteine, Pflaumenkerne, Pfirsichkerne etc.)
- Getrocknete Erbsen und Bohnen
- Reis
- Kastanien, Eicheln, Blätter (saisonbedingt)
- Holz (Astabschnitte, Baumscheiben etc.)
- Sand (Vogelsand, Quarzsand, Buddelsand, Wüstensand, etc.)
- Ton (Lehm)
- Wasser

sonstige Basis-Materialien
- Wolle (Bänder, Schnüre etc.)
- Stoffe (unterschiedliche Strukturen, Fellreste, Leder)
- Papier (Zeitungspapier, Makulaturpapier, Tapeten etc.)
- Pappe (Alte Kalender, Papprollen, Pappkartons etc.)
- Creme/Schminke

Spielgeräte/-gegenstände
- Behälter (Töpfe, Kannen, Gläser, Becher, Flaschen usw.)
- Bürsten (Klobürsten, Fusselbürsten, Wurzelbürsten, Flaschenbürsten etc.)
- Seile
- Tücher (große und kleine)
- Bettlaken, Decken
- Bälle/Kugeln/Murmeln
- Reifen
- Sand- oder Reissäckchen
- Matten
- Sprungkasten, Turnbänke
- Rollbretter (Möbeltransporter sind billiger)
- Schaukeln, Hängematten
- Rhythmusinstrumente
- Cassetten (nicht nur mit üblicher »Kindermusik« – es darf auch Klassik sein)
- »Verkleidungssachen« (Hüte, Schuhe, Röcke, Kleider, Krawatten etc.)
- Spiegel
- Puppen
- Fahrzeuge: Roller, Dreiräder, Wagen

- Bücher (wenige – wichtiger ist es, mit den Kindern die Bücherei zu besuchen)
- Ganz wenige elementare Spiele

Werkzeuge
- Scheren, Hämmer, Sandpapier, Locher, Lochzangen, Bohrer
- Spaten, Harken, Schaufeln, Schippen, Taschenlampen
- Stifte/Kreiden/Farben
- Pinsel
- Klebstoff

Die Liste ist unvollständig, manches kann durch anderes ersetzt werden, aber es ist sicherlich nichts dabei, was nicht in jeder Einrichtung vorhanden ist. Und sie ist ausreichend für alle Kinder. Dösen, besser bekannt als »snoezeln«, können die Kinder auch in einem abgedunkelten Raum, den eine schwache Lampe in rosafarbenes oder bläuliches Licht taucht, in dem neben ein paar ausgebreiteten Matten vielleicht auch noch ein Luftballonbett (ein mit aufgeblasenen Luftballons gefüllter Bettbezug) steht und ein Kassettenrecorder, auf dem die Kinder ihre Musik zum Dösen, Träumen und Entspannen abspielen können.
Vielleicht dösen sie jedoch lieber, wenn Sie ihnen eine Geschichte erzählen, oder wenn sie sich gegenseitig eincremen dürfen. Auch in einer Reifenwiege (drei Gymnastikreifen umspannen eine Turnmatte) lässt es sich träumen, besonders, wenn man die Schaukel nicht selbst in Schwung bringen muss, sondern die Freunde die Wiege sanft hin- und herbewegen.

Mit den Händen sehen
Ein Beispiel zum Thema Spiele und Spielmaterialien:

*Wann haben Sie das letzte Mal Steine gewaschen? Noch nie? Als Kind?
Dann fordern wir Sie hiermit auf, es zu tun, allein, mit ihrem Kind, wenn Sie Mutter oder Vater sind, mit den Kindern Ihrer Gruppe, wenn Sie Erzieherinnen oder Therapeutinnen sind.
Vorher müssen Sie die Steine natürlich sammeln. Das geht nicht so einfach, Ihre Wohnung, ihre Einrichtung liegt im Stadtgebiet? Vertrauen Sie den Augen, den Händen und den Füßen Ihrer Kinder. Sie werden auch mitten in der Stadt Steine finden. Natürlich können Sie auch eine »Steine-Sammel-Expedition« planen. Vergessen Sie die Rucksäcke nicht oder besser noch, Sie nehmen einen Bollerwagen mit. In ihm hat neben den Steinen auch noch ein vom Sammeln müde gewordenes Kind Platz. Wenn eins Ihrer Kinder sowieso im Wagen oder im Rollstuhl gefahren werden muss, ist das besonders praktisch. Der Wagen oder der Rolli werden zum »Packesel« umfunktioniert, die Besitzerin oder der Besitzer des Gefährts zum Eselsführer. Machen Sie die Kinder auf große, kleine, flache, runde,*

scharfkantige, glatte Steine aufmerksam. Sie können »vor Ort« oder später in der Einrichtung nach diesen Kriterien sortiert werden. Die Entscheidung, ob ein Stein eher flach oder eher rund ist, löst nicht nur heftige Diskussionen aus, sondern veranlasst die Kinder, die Steine immer wieder zu berühren, zu vergleichen, sie aus unterschiedlichen Blickwinkeln zu betrachten.

Ermutigen Sie die Kinder, an der Fundstelle schon mal auf einen Stein zu spucken, um zu sehen, welche Farbe sich unter dem Schmutz verbirgt. (Wer das nicht mag, darf auch mit einem Papiertaschentuch wischen, aber spucken ist besser.)

Wenn die Kinder mit ihrer Ausbeute zufrieden sind, kann der Rücktransport beginnen. Vielleicht müssen Steine im Depot gelassen werden, weil trotz der »Packesel« und des Bollerwagens die Ausbeute zu reichlich war und die Kräfte nachlassen.

Im Kindergarten (oder zu Hause) beginnt dann das Abenteuer des Steine-Waschens mit viel Wasser, Seife, alten Zahnbürsten, Wurzelbürsten, Sieben für die Ministeine. Am besten geschieht das in einer Plastik- oder Mörtelwanne im größten Waschraum der Einrichtung oder, falls Ihre Einrichtung nicht über einen ausreichend großen Waschraum verfügt, als Sommeraktion im Garten.

Sie werden feststellen, dass alle Kinder, unabhängig vom Alter oder ihren Fähigkeiten, sehr großen Gefallen an diesem Spiel haben werden. Während kleinere Kinder unermüdlich schrubbeln und die hervortretenden Farben, die sie noch nicht benennen können, bestaunen, »zaubern« größere Kinder bereits ein glitzerndes »Rosa-lila« hervor. Oder Sie spielen das Ratespiel »Was meinst du, welche Farbe dieser Stein wohl in echt hat?« Dabei darf der befragte Mitspieler eine Farbe nennen. Der »Steinbesitzer« taucht dann denn Stein kurz ins Wasser, schrubbelt ein wenig, nimmt ihn heraus und sagt bedauernd: »Verloren, er ist grau.«

Sie fühlen, dass alle Steine unterschiedliche Oberflächen haben. Sie sehen, dass sie glänzen, solange sie noch feucht sind, beim Trocknen jedoch ihren Glanz verlieren. Saubere Steine mit Seife darauf glibschen aus der Hand. Sie lassen das Wasser spritzen, wenn sie hineinfallen oder hineingeworfen werden. Sie machen Geräusche, wenn sie im Sieb hin und her bewegt oder aneinandergeschlagen werden.

Zum Abschluss werden die Steine und die Kinder abgetrocknet. Der Spaß geht in den nächsten Tagen weiter, denn man kann
- *Steine wiegen (Wie viele kleine Steine wiegt ein großer?),*
- *Steine auf den Boden legen und mit nackten Füßen darüber laufen oder krabbeln oder rollen,*
- *Steine mit geschlossenen Augen befühlen und ihre Größe, Farbe und die Beschaffenheit ihrer Oberfläche bestimmen,*
- *Steine mit geschlossenen Augen hören und ihr Größe raten,*
- *Steine zu Erzählsteinen machen,*

- *Steine in Säckchen füllen,*
- *kleine Steine in Dosen füllen und Rasseln bauen,*
- *Steine durch Polieren oder Lackieren in Halbedelsteine verwandeln,*
- *die Halbedelsteine in eine Kiste mit Sand stecken und »Schatzsuche« spielen,*
- *Steine mit Draht umwickeln und Schmuckstücke herstellen,*
- *Steine bemalen und zu Hopsesteinen machen,*
- *Steine sortieren und zu Mustern legen,*
- *einen Stein auf einen Teller fallen lassen und feststellen, dass dieser zerbricht,*
- *mit Steinen »gib weiter« spielen,*
- *mit Steinen eine Kräuterspirale bauen,*
- *mit Steinen ...*

Das Beispiel steht exemplarisch für alle einfachen Materialien, die Anreize bieten für sinnliche Erfahrungen ebenso wie für Be- oder Verarbeitung. Solche Materialien sind darüber hinaus für wenig oder gar kein Geld zu beschaffen.

Das oben genannte Beispiel zeigt darüber hinaus, dass es darauf ankommt, den Kindern Zeit zu lassen, Materialien mit allen Sinnen zu erfahren, zu begreifen, ihren Widerstand zu spüren. Es gibt kein »Richtig« oder »Falsch«. Für uns, die begleitenden Erwachsenen, bedeutet das, die eigene Wahrnehmungsfähigkeit wiederzuentdecken. Unsere Welt, die zunehmend mehr optische und akustische Reize aussendet, lässt unsere anderen Sinne verkümmern. Diese Entdeckung darf nicht nur geschehen in isolierten Fühl-, Schmeck-, Riech- und Hörspielen, die einzelne Sinne trainieren. Wir müssen vielmehr versuchen, unsere ganz konkrete Umwelt zu ertasten, zu riechen, zu schmecken, Regentropfen auf der Haut spüren, nasses Gras riechen, eine Träne schmecken, einen Pfirsich streicheln, den eigenen Atem sehen, spüren, hören. Auf einer Wiese Ball zu spielen, Ostereier zu suchen oder Picknick zu machen, macht Spaß. Wir können uns aber auch ganz hinein ins Gras legen, die Augen schließen und die Wiese riechend, fühlend und hörend wahrnehmen.

Kinder mit einer Behinderung lassen neue Spielsituationen entstehen

»Jetzt sehe ich wie Hanno«, sagte vor vielen Jahren eines der Kinder, mit denen ich zu einer dem Kindergarten nahe gelegenen Badewiese gegangen war. Wir lagen einfach nur so da. Es war Sommer, die Sonne schien sehr warm auf unsere immer noch feuchten Körper. Ich erinnere mich noch an das Summen einiger Insekten, die Geräusche (Brummen und

Klatschen) von Motorbooten, die auf der Havel vorbeiflitzten, und die Stimmen der Kinder, die etwas entfernt Ball spielten.

Hanno war immer noch im Wasser. Er war blind, dennoch konnte er sehen, wo er sich im Wasser befand. »Weißt du, kurz bevor das Wasser tiefer wird und mir fast bis zur Brust geht, sind ganz viele kleine Steine und Muscheln auf dem Grund, ungefähr so breit wie meine zwei Füße, du brauchst dir keine Sorgen zu machen, ich gehe da nicht rüber.« Hanno kannte den Weg zu uns genau. Er wusste, wie viele Schritte er brauchte, um den Sandweg an einer bestimmten Stelle zu überqueren. Er hatte die Stelle gewählt, weil der Sand hier besonders weich war. Die Wiese fand er einfach nur pieksig, und weil das so war, hatte er sie in »Hopsschritte« eingeteilt, um nicht so oft auftreten zu müssen, bis er bei uns war. Ich machte mir also keine Sorgen, sondern versuchte auch, wie Hanno zu sehen. Es gelang mir wohl recht gut, denn ich konnte noch die Augen aufreißen und »Wehe!« rufen. Hanno ließ daraufhin lachend den Inhalt seiner Bademütze neben uns ins Gras fließen.

Von Hanno habe ich damals gelernt, Wege nach ihrem Klang oder danach, wie sie sich unter den Füßen anfühlen, zu beschreiben. Ihre Länge konnte angegeben werden in Hanno-Schritten, Alrun-Schritten, Hanno-Hopse-Schritten usw. Wir wurden Meister im Erfinden immer neuer Maßeinheiten.

Hanno war also hier der Auslöser für eine Spielsituation, an der er in vollem Umfang teilhaben kann. Lassen Sie die Kinder ihre Umgebung ausmessen, ohne Hilfsmittel, nur mit ihrem Körper, mit sich selbst.

Wie viele Kinder ist der Turnraum lang? Wenn sie hintereinander (Fuß an Kopf) liegen, wenn sie nebeneinander liegen, wenn sie sich an den

Händen halten und die Arme weit ausstrecken, wenn zwei Erzieherinnen sich dazwischen setzen oder legen? Wie viele Kinder dick ist die Eiche hinter unserem Kindergarten? Wie viele Rolli-Anschwünge lang ist der Weg vom Kindergarten zur Bushaltestelle? Die Kinder erfahren dabei nicht nur etwas über ihre Umwelt sondern vor allem etwas über sich, über das Du der anderen Kindern und über das Wir.

Lara hatte zugeschaut, wie sich nacheinander die Kinder ihrer Gruppe auf den Stuhl gesetzt hatten, der vor einer weißen Wand stand, immer mit dem Gesicht zum Fenster. Ein Scheinwerfer brannte die ganze Zeit. Auf der Leinwand erschien jedes Mal ein anderes schwarzes Gesicht, dessen Nase auch zum Fenster zeigte. Als Lara an der Reihe war, wollte sie sich nicht auf den Stuhl setzen und sich von dem heißen Scheinwerfer anstrahlen lassen.
Die Erzieherin schaltete den Scheinwerfer aus und trug ihn weg, um ihn an einem sicheren Ort auskühlen zu lassen. Als sie wieder kam, saß Lara auf dem Stuhl vor der Leinwand. Sie beeilte sich, den Scheinwerfer wieder zu holen und schaltete ihn ein. Lara verließ den Stuhl sofort und schüttelte mit dem Kopf. Die Erzieherin hatte Lara missverstanden. Als sie das zweite Mal in die Gruppe zurückkehrte, saß eine von Laras Freundinnen auf dem Stuhl, das Gesicht zum Fenster gewandt. Lara hielt einen Spiegel neben dem Gesicht der Freundin so, dass sie deren Profil sehen konnte.

Lara, das kleine Mädchen, das die gesprochenen Erklärungen seiner Erzieherinnen nicht hören kann, hatte verstanden und für sich eine Lösung der Situation gefunden. Zugleich entstand eine neue Spielsituation, die von anderen Kindern ohne Hilfe der Erzieherinnen umgesetzt werden konnte.

> *»Erkläre mir, und ich werde vergessen;*
> *zeige mir, und ich werde mich erinnen;*
> *Lass es mich tun, und ich werde verstehen.«*
> (Chinesisches Sprichwort)

5. Beobachtungen im Alltag einer Integrationsgruppe – Eine Studie von Rita Fritzsche

In diesem Kapitel wird eine in sich mehr oder weniger geschlossene Studie im Rahmen einer Diplomarbeit dargestellt. Es lassen sich Parallelen zu anderen Kapiteln des Buches finden, wodurch wir den »Arbeits«-Charakter unseres Buches zu unterstreichen versuchen. Anhand von Beobachtungen in einem konkreten Kindergarten wird beispielhaft gezeigt, wie integrative Prozesse in der Realität dargestellt und beschrieben werden können. Erzieherinnen, die gezielt Kinder ihrer Gruppe beobachten möchten, soll dieses Kapitel Unterstützung bei der Vorbereitung und Auswertung von Beobachtungen geben.

5.1 Was wird untersucht?

Die Realität in Kindergärten im Ostteil Berlins Anfang der 90er-Jahre, wo Integration behinderter Kinder keine Tradition hatte und in den letzten Jahren schnell und weitestgehend ohne wissenschaftliche Begleitung durchgesetzt wurde, führte zu der Frage, wie Integration in diesen Einrichtungen nunmehr im Alltag stattfindet und in den Handlungsweisen der Kinder und Erzieherinnen spürbar wird. Zahlreiche Erzieherinnen haben sich inzwischen umfangreich für den Umgang mit behinderten Kindern qualifiziert, jedoch fehlen Gelegenheiten, sich über den tatsächlichen Stand des Integrationsprozesses in ihrer Einrichtung mit Außenstehenden auszutauschen. Mich interessierte als zumindest teilweise Außenstehende, welche integrativen Prozesse sich in der Einrichtung, in der ich selbst arbeitete, beobachten lassen. Folgende Annahmen waren Grundlage meiner Fragestellungen:

Erstens. Ich gehe davon aus, dass integrative Prozesse nur dann stattfinden können, wenn die Kontakte zwischen behinderten und nicht behinderten Kindern *emotional und inhaltlich fundiert und freiwillig* sind (CLOERKES 1997). Es stellt sich die Frage, inwieweit diese Voraussetzungen in der von mir beobachteten Einrichtung gegeben sind.

Zweitens. Integration wird von KLEIN/KREIE/KRON/REISER (1987) als Prozess beschrieben, der sich auf vier Ebenen vollzieht: auf einer *innerpsy-*

chischen Ebene, einer *interaktionellen Ebene,* einer *institutionellen Ebene* und einer *gesellschaftlichen Ebene.* Die verschiedenen Ebenen stehen in wechselseitiger Abhängigkeit und integrative Prozesse sind auf Dauer nur wirkungsvoll, wenn alle Ebenen Berücksichtigung finden.

Mich interessierte, ob und wie Integration in der von mir beobachteten Einrichtung auf der *interaktionellen Ebene* Realität ist bzw. wird.

Ausdruck interaktioneller Auseinandersetzung sind für mich:

– die Bereitschaft, den Anderen so »gelten« zu lassen, wie er ist, ohne ihn oder sich selbst als »abweichend« zu verstehen,
– die Entdeckung des Anderen als Partner bei Akzeptanz des Unterschiedlichen,
– die Fähigkeit bzw. Möglichkeit eines Kindes, sich vom Anderen abzugrenzen, um Nähe überhaupt zulassen zu können,
– das gemeinsame Handeln an einer gemeinsamen Sache,
– die Berücksichtigung individueller Besonderheiten im Gruppengeschehen,
– (Innerpsychische Auseinandersetzungsprozesse finden insofern Berücksichtigung, als dass sie sich zumindest teilweise auf der interaktionellen Ebene widerspiegeln).

Drittens. Im Sinne des Situationsansatzes gehe ich davon aus, dass Ziel und zugleich Weg zur Verwirklichung von Integration der *Erwerb von Kompetenz (Sachkompetenz) und Autonomie (Ich- Kompetenz) sowie das Erlernen von Solidarität (Sozialkompetenz)* ist.

Autonomie – das heißt im weitestgehenden Sinne die Möglichkeit, sich selbstbestimmt mit der Umwelt auseinander setzen und abstimmen zu können. Voraussetzung hierfür ist Kommunikationsbereitschaft und -fähigkeit, aber auch die Fähigkeit, eigene Wünsche und Interessen formulieren zu können und die Bereitschaft der Umwelt, solche Wünsche zu erkennen und adäquat auf sie einzugehen.
Kompetenz – das meint die Fähigkeit eines autonomen Individuums, sich kompetent mit seiner Umwelt auseinander setzen zu können. Kompetenz meint auch den Erwerb von Fähigkeiten und Erfahrungen im Umgang zwischen behinderten und nicht behinderten Kindern und das Umsetzen dieser Fähigkeiten.
Behinderte Kinder sind kompetente Partner, wenn es um ihre eigene Behinderung geht, und müssen als solche akzeptiert werden.
Solidarität – das umschreibt die Fähigkeit, »Lebensumstände gemeinsam mit anderen zu gestalten oder zu verändern« (Miedaner 1986, S. 104). Gemeinsames Handeln ist zentrales Anliegen, das gemeinsame Produkt erhält eher eine Hintergrund-Bedeutung.
Auch in dieser Hinsicht stellte sich die Frage, inwieweit solche Kompetenzen im praktischen Alltag eines Integrationskindergartens erlernt wer-

den können und zugleich Realität sind und ob in diesem Sinne davon
gesprochen werden kann, dass Integration stattfindet und nicht nur organisiert wurde. Ich beobachtete Kontakte zwischen Kindern mit und ohne
Behinderung also hinsichtlich der Frage,
– inwiefern es Kontakte sind, die Autonomie, Kompetenz und Solidarität beider Kontaktpartner ermöglichen und beinhalten,
– inwiefern es Kontakte sind, die freiwillig, emotional fundiert und inhaltlich begründet sind und
– inwiefern es Kontakte bzw. Interaktionen sind, die eine Auseinandersetzung mit der Behinderung eines Kindes erkennbar werden lassen.

Darüber hinaus brachte mich die Auseinandersetzung mit dem Begriff
der Behinderung zunehmend zu der Auffassung, dass der Begriff innerhalb des Systems Kindergarten mehr als fragwürdig ist. Ich vermutete,
dass das Kind-Umfeld-System zumindest im inneren Rahmen des Kindergartens (noch) intakt ist und entschloss mich, die Kontakte zwischen
Kindern mit und ohne Behinderung und ihren Erzieherinnen auch hinsichtlich dieser Fragestellung zu untersuchen.

5.2   Kinder beobachten – Grundsätze und Methoden

> »Eine Annäherung an die Welt des Kindes erfordert Empathie,
> die Wertschätzung der Wahrnehmungen und Gefühle der Kin-
> der und ein Interesse daran, die Sicht der Kinder auf ihre Welt
> zu verstehen ... «
>
> (HEINZEL 1997, S. 406)

Wer Kinder beobachten möchte, muss also jegliche Beobachtungsme-
thode an den Bedürfnissen und Interessen des Kindes orientieren und
dabei berücksichtigen, dass die Welt des Kindes eine uns grundsätzlich
fremde ist. Kinder zu beobachten heißt immer zu wissen, dass man selbst
auch einmal Kind war. Jedoch haben wir lediglich die Möglichkeit, unsere eigene Kindheit aus der Erinnerung zu interpretieren. Die eigene Biografie kann Hilfe sein, kann aber auch den Beobachtungsradius einschrän-
ken. Kinder als Subjekte der Beobachtung haben ein besonderes Recht
darauf, eigene Befindlichkeiten gegenüber dem Beobachter klarzustel-
len. Insbesondere muss das Prinzip der Freiwilligkeit, das von den Kindern noch nicht vollkommen durchschaut wird, sensibel gewahrt werden. Auch ein (schwerst-) behindertes Kind muss die Möglichkeit haben,
seine Interessen gegenüber dem Beobachtenden durchzusetzen und sich
evtl. einer Beobachtung zu entziehen.
Kinder in ihrem sozialen Umfeld zu beobachten bedeutet, sich auf einen
spannenden Prozess einzulassen.

Ich möchte mich der Lebenswelt von Kindern möglichst komplex nähern und bin als Erwachsene (mit einer Vergangenheit als Kind) versucht, Ergebnisse meiner Beobachtungen schon vorher abschätzen zu wollen. Da dies m. E. den Blickwinkel erheblich einschränkt und mich evtl. in meinen Handlungen während der Beobachtungen beeinflussen würde, habe ich mich bewusst dafür entschieden, vor-urteilsfrei und ergebnisoffen zu beobachten. Im Einzelnen bedeutet dies für mich:
- Ich habe Beobachtungen nicht auf ein bestimmtes Beobachtungsziel hin »ausgerichtet«, sondern viel mehr ist das, was ich beobachten konnte, offen für **verschiedene Interpretationen**, von denen ich mich für jeweils eine entschieden habe.
- Ich entschied mich für die Methode der **teilnehmenden Beobachtung**. Die Anwesenheit eines Erwachsenen wird das Verhalten eines Kindes immer zumindest in einem Minimalbereich beeinflussen, auch wenn es sich dessen nicht bewusst ist. Gerade in Bezug auf behinderte Kinder muss berücksichtigt werden, dass Kinder evtl. bereits »sozial erwünschtes Verhalten« praktizieren, wenn sie sich sozialer Kontrolle ausgesetzt fühlen.
- Der Ausgangspunkt meiner Beobachtungen ist die **Lebenswelt der Kinder**. Sie waren für mich Experten ihrer Wirklichkeit, und ich war bemüht, meine bisherigen Meinungen über sie und Erfahrungen mit ihnen nicht als starre Grundlage weiterer Erfahrungen zu begreifen.
- Die Handlungsweisen einzelner Kinder stehen in Beziehung zum **sozialen Kontext** – umgekehrt beinhaltet dieser soziale Kontext auch solche verschiedenen Handlungsweisen. Ich versuchte in den verschiedenen beobachteten Situationen zu berücksichtigen, in welchem Zusammenhang die konkrete Reaktion eines Kindes steht bzw. stehen könnte.

Meine Stellung innerhalb des Kindergartens (festgelegte Arbeitszeiten als Musikpädagogin, regelmäßiger Kontakt mit allen Kindern des Kindergartens, Kontakte zu Eltern) ermöglichte es mir, nicht als zeitweise anwesender Gast, sondern als ständig anwesende Pädagogin in für mich absichtsvollen Kontakt zu den Kindern zu treten. Meine Rolle wurde so nie Gegenstand des Interesses, ich wurde von den Kindern wahrgenommen »wie immer« bzw. ich verband »reguläre« Angebote fließend mit meinem sozialpädagogischen Interesse.
Teilnehmende Beobachtungen waren deshalb in größerem Umfang möglich. Ich beobachtete die Kinder einerseits in längeren Beobachtungssequenzen, andererseits hielt ich auch zufällige Beobachtungen, die sich aus meiner Anwesenheit in der Gruppe ergaben (z. B. beim Guten-Morgen-Sagen, bei kurzen Absprachen mit den Erzieherinnen usw.), fest. Insgesamt beobachtete ich die Kinder über einen Zeitraum von drei Monaten, Beobachtungen im Rahmen meiner pädagogischen Tätigkeit haben

natürlich auch davor und danach stattgefunden. Ich entschloss mich nach einigen Vorüberlegungen dazu, die Kontakte zwischen einer der Gruppen und nur einem behinderten Kind näher zu beobachten. Die Kontakte aller zu beobachten, erschien mir auf Grund des zeitlichen Rahmens und der Tatsache, dass ich allein beobachtete, nicht möglich und auch nicht sinnvoll.

Bei der Entscheidung, welches der Kinder ich näher beobachten wollte, ließ ich mich von dem Gedanken leiten, dass das entsprechende Kind den anderen Kindern auf irgendeine Art auffällig erscheinen musste, da sonst davon ausgegangen werden musste, dass die Kinder die Behinderung eventuell überhaupt nicht wahrnehmen und als solche nicht verarbeiteten. Darüber hinaus bestand eher die Gefahr, dass in Kontakte zwischen behinderten und nicht behinderten Kindern etwas hinein interpretiert wird, das real nicht stattfindet.

Die Wahl fiel auf den dreijährigen Jungen Max, der auf Grund seiner schweren spastischen Bewegungseinschränkung nicht laufen, greifen, sitzen, normal sprechen und allein essen kann (zu seinen Fähigkeiten siehe Kapitel »Max«) – all dies sind Fähigkeiten, deren Nichtbeherrschung für die Kinder auf die eine oder andere Art sichtbar und spürbar wird.

Ich beobachtete die Kinder beim Spielen im Gruppenraum und im Garten sowie bei alltäglichen Ritualen (Waschen, Essen, Schlafen usw.).

Ergänzend zu den teilnehmenden Beobachtungen führte ich – meist im Rahmen des Gruppenalltags – kleine **Gespräche** mit einzelnen Kindern durch. Diese Gespräche haben eine ausdrücklich ergänzende Funktion. Gespräche mit Kindern in diesem Alter ermöglichen nur in sehr begrenztem Maße Rückschlüsse auf tatsächliche Meinungen und Einstellungen der Kinder. Grundsätzlich werden Kinder unter fünf Jahren in der erziehungswissenschaftlichen und der soziologischen Forschung selten befragt. Als Gründe hierfür werden die begrenzten sprachlichen Ausdrucksmöglichkeiten der Kinder, ihr tendenzieller Wunsch, mit der Meinung ihrer Eltern übereinzustimmen sowie die Schwierigkeit, den Untersuchungsrahmen kindgemäß zu gestalten und kindliche Aussagen richtig zu interpretieren, genannt (vgl. HEINZEL 1997, S. 398 ff.).

Ich habe mich trotzdem entschieden, Gespräche mit Kindern durchzuführen – nicht so sehr, um daraus Schlussfolgerungen zu ziehen, wie ihr Verhältnis zu behinderten Kindern beschaffen ist, sondern viel mehr um ihrer kindlichen Sicht auf die Dinge Ausdruck zu verleihen. Ziel war es, mich der Welt des Kindes anzunähern.

Von Vorteil erschien mir die Tatsache, dass zwischen den Kindern und mir ein sehr vertrautes Verhältnis herrscht.

Um Kontakte zwischen den Kindern über einen kurzen Zeitraum hinweg so genau wie möglich beobachten zu können und auch kleinste Nuancen erfassen zu können, entschloss ich mich außerdem, ein ca. 20minütiges **Video** anzufertigen. Der Einsatz von Videoaufnahmen bei der Einschätzung von Verhalten ist gerade bei der Beobachtung behinderter Kinder verbreitete Methode. Ihr Verhalten, das oft die ganze Aufmerksamkeit und Energie der Erzieherin fordert, wird vielfach erst durch Filmaufnahmen in seinem Sinn offensichtlich. So kann sich z. B. scheinbar monotones Verhalten (Schreien, Wortwiederholungen u. ä.) durch mehrmaliges Betrachten im Film als durchaus variables Verhalten entpuppen.

Da Max wegen seines kleinen Stühlchens bzw. der Möglichkeit, auf dem Boden zu liegen, für die Kinder ständig mehr oder wenig präsent ist, bestehen praktisch gute Voraussetzungen für eine Kontaktaufnahme zwischen Max und den Kindern. Mich interessierte, inwieweit diese Voraussetzungen von Max und den anderen Kindern als Chance zur Kontaktaufnahme genutzt wurden. Dabei beobachtete ich, wie andere Kinder Max **wahrnehmen** und auf welche Art und Weise sie daraufhin **in Kontakt zu Max treten.**

Auf Grund der Voruntersuchungen (Videoauswertung, Gespräche mit den Erzieherinnen und Studentinnen) zeigte sich, dass das Verhalten der Kinder auf verschiedene Art zu deuten ist, vor allem wenn es aus seinem Zusammenhang gerissen wird. Ich will alle beobachteten Szenen mit Max zunächst kommentarlos wiedergeben und erst in einer abschließenden Betrachtung Deutungen anstreben.

Die Szenen sind teilweise sehr kurz und auch aus diesem Grund schien es mir günstiger, sie nicht noch zusätzlich durch eingefügte Bemerkungen zu zerreißen.

In der anschließenden Auswertung sollen möglichst alle Szenen Erwähnung finden; zur besseren Orientierung habe ich sie deshalb nummeriert.

5.3 Beobachtungen in einer Integrationsgruppe

Allgemeines: Der Kindergarten und die Gruppenräume

Der Kindergarten liegt verkehrsgünstig unweit einer sehr befahrenen Straße in einem relativ ruhigen Wohnviertel. Ganz in der Nähe des Kindergartens befinden sich ein Park mit Spielplatz und Kleingärten. In direkter Nachbarschaft gibt es zwei weitere Kindergärten und eine Montessori-orientierte Grundschule; einer der Kindergärten integriert ebenfalls behinderte Kinder.

Der Kindergarten ist ein Neubau mit großen, hellen Gruppenräumen und einem großen Garten, in dem den Kindern diverse Spielmöglichkeiten und -geräte (Wiese, Büsche, Spielhäuschen, Rodelberg, Sandkasten, Schaukel, Rutsche, aufstellbare Planschbecken, Fußballtore, Tretautos, Dreiräder, Fahrräder usw.) zur Verfügung stehen.

Die Kinder der von mir beobachteten Gruppe verfügen über zwei große Räume, von denen einer gleichzeitig als Schlafraum genutzt wird. Es gibt umfangreiches Montessori-Material (auch einige selbst gestaltete Materialien speziell für Max), außerdem zahlreiche andere Spielmaterialien, eine Puppenwohnung, eine Bauecke und verschiedene Tischspiele. Außerdem gibt es im Haus einen Turn- und einen Aktionsraum; beide können von der Gruppe mit genutzt werden. Sie sind jedoch häufig durch Therapeutinnen belegt (Physiotherapeutin, Psychomotorikerinnen, Logopädin, Musikpädagogin).

Seit ca. zwei Jahren erarbeitet der Kindergarten eine Konzeption, die sich an den Grundsätzen der Montessori-Pädagogik orientiert. Die Erzieherinnen haben sich mehrfach zur Pädagogik Montessoris weitergebildet. In der Nähe des Kindergartens befindet sich ein großer Supermarkt, der den Kindergarten zu verschiedenen Anlässen mit Geschenken erfreut und vom Kindergarten zu größeren Festen eingeladen wird. Ebenfalls in der Nähe gibt es eine Sozialstation der Arbeiterwohlfahrt (Treffpunkt für ältere Menschen). Zu dieser besteht regelmäßiger Kontakt.

Der Kindergarten präsentiert sich zwar nach außen (durch ein Schild) sichtbar als Integrationskindergarten, ich nehme jedoch an, dass abgesehen von den Eltern nur wenige aufmerksame Nachbarn wissen, dass ganz in ihrer Nähe behinderte und nicht behinderte Kinder gemeinsam betreut werden.

Gruppe und Gruppenalltag

Die beobachtete Gruppe bestand zum Zeitpunkt des Beobachtungsbeginns aus 12 Kindern –sechs Jungen und sechs Mädchen, davon erhalten zwei Mädchen und zwei Jungen Eingliederungshilfe nach § 39 BSHG; im Beobachtungszeitraum kamen zwei behinderte Kinder hinzu, sodass zusätzlich – wie in der Konzeption der Einrichtung vorgesehen – eine Sondergruppe mit drei Jungen eingerichtet wurde. Für den Tagesablauf und die Spielgemeinschaften der Kinder hat diese Gruppeneinteilung praktisch keine Bedeutung.

Die Integrationsgruppe arbeitet nach dem so genannten B-Modell (9+3), d. h. dass eines der behinderten Kinder (Max) »B-Kind« ist und einen stark erhöhten Betreuungsaufwand hat. Drei Kinder werden außerhalb des Kindergartens von Familienhelferinnen betreut.

Die Kinder kommen zum großen Teil aus dem weiteren Einzugsbereich des Kindergartens; ein Mädchen und drei Jungen werden mit dem Fahrdienst gebracht, bis auf einen Jungen werden sie auch meistens vom Fahrdienst wieder abgeholt.

In der Gruppe arbeiten insgesamt vier Erzieherinnen: Eine Gruppenerzieherin, eine Stützerzieherin, eine Sondergruppenerzieherin und eine Erzieherin, die als ABM-Kraft speziell für zwei Kinder aus schwierigem häuslichem Milieu zuständig ist. Die Stützerzieherin war zum Zeitpunkt der Untersuchung seit längerem erkrankt.

Die Kinder treffen am Morgen zu unterschiedlichen Zeiten (zwischen 6 Uhr und 9 Uhr) im Kindergarten ein. Gegen 8 Uhr wird gemeinsam ge-

frühstückt. Danach gibt es meist ein Angebot für die ganze Gruppe (Malen, Basteln, Geschichte erzählen usw.). Anschließend gehen die Kinder in den Garten bzw. spazieren.
Gegen 11 Uhr gibt es Mittagessen. Zwischen ca. 12.15 Uhr und 13.45 Uhr machen die Kinder Mittagsschlaf. Am Nachmittag gibt es Vesper, danach spielen die Kinder in den Räumen oder gehen nochmals in den Garten. Sie werden wiederum zu sehr unterschiedlichen Zeiten abgeholt. Die ersten und letzten Kinder des Tages werden von der Erzieherin betreut, die gerade Früh- bzw. Spätdienst hat.
Einmal in der Woche findet im Turnraum für einen Teil der Gruppe Psychomotorik statt, wobei die Kinder in zwei Kleingruppen mit jeweils behinderten und nicht behinderten Kindern aufgeteilt und nach einem festen Zeitplan von der Therapeutin abgeholt werden. An den Kleingruppen nehmen immer dieselben Kinder teil. Ein Junge erhält an einem anderen Tag Einzeltherapie. Die Stützerzieherin (bzw. Gruppenerzieherin) beobachtet während der gesamten Psychomotorik, die zwischen 9 und 10 Uhr stattfindet, »ihre« behinderten Kinder; danach findet ein Auswertungsgespräch mit der Therapeutin statt. Diese Regelung gehört zur Arbeitsweise des Therapeutinnen-Teams. Zwischen 10.30 Uhr und 11 Uhr kommt die Therapeutin darüber hinaus in die Gruppe, um Tipps im Umgang mit dem schwerstbehinderten Kind (Max) zu geben. Bis auf Max sind alle behinderten Kinder in den Psychomotorik-Gruppen vertreten, von den nicht behinderten Kindern jedoch nur zwei Mädchen und ein Junge.
An einem weiteren Tag der Woche arbeitet eine Logopädin mit zwei Kindern aus der Gruppe. Ich selbst komme als Musikpädagogin einmal in der Woche in die Gruppe und biete für die gesamte Gruppe bzw. für alle Kinder, die teilnehmen wollen, in einer bestimmten Ecke des Gruppenraumes musikalische Aktion an (singen, tanzen, Instrumente spielen, hören). Außerdem betreue ich Max nach jeweiliger Absprache mit den Erzieherinnen ein- bis zweimal pro Woche einzeln (meist außerhalb des Gruppenraumes), wobei ein weiteres Kind teilnimmt, wenn dies von den Kindern gewünscht wird.

Max
Max ist 3 Jahre alt. Er ist ein sehr kontaktfreudiger Junge, der überall zuschauen und dabei sein möchte und sehr deutlich zeigen kann, ob er zufrieden oder unzufrieden ist. Er nimmt gern und oft Blickkontakt mit Kindern und Erzieherinnen auf, was die Kontaktaufnahme mit ihm leicht macht. Max hat durch Schädigungen des Gehirns eine umfangreiche Körperbehinderung. Er kann auf Grund einer schweren Spastik nur unartikulierte Laute ausstoßen, jedoch bemerke ich eine äußerste Anstrengung, auf an ihn gerichtete Fragen irgendwie verständlich zu antworten. Seine geistigen Fähigkeiten und Entwicklungsmöglichkeiten können noch nicht

klar erkannt werden. Vor einiger Zeit wurde ihm ärztlicherseits bescheinigt, dass er über die geistigen Fähigkeiten eines sechs Monate alten Säuglings verfüge – eine Einschätzung, die ich aus meiner praktischen Erfahrung mit Max absolut nicht teilen kann.

So schätze ich z. B. sein Sprachverständnis hoch ein. Max reagiert auf bestimmte Worte (z. B. Tätigkeiten, die er gern oder nicht gern macht) freudig (lächeln, jauchzen) oder missmutig (Mund verziehen). Max versteht verschiedene Aufforderungen, wenn er auch nur sehr eingeschränkt reagieren kann. Er hat Sinn für gewisse Situationskomik und wünscht – wie jedes Kind in seinem Alter – Wiederholungen von Situationen, die er lustig, aufregend oder schön findet. Max kann weder laufen noch selbstständig sitzen. Seine oft willkürlichen bzw. ungezielten Armbewegungen machen es ihm außerdem unmöglich, sich allein mit einem Rollstuhl zu bewegen. Diese Bewegungsunfähigkeit bei dem gleichzeitigen Wunsch, überall dabei zu sein, macht Max oft unzufrieden oder sogar verzweifelt. Erschwerend wirkt hierbei, dass Max' Spezialstuhl Kopfstützen hat (ohne diese kippt er seitlich weg), die die Wirkung von Scheuklappen haben: Obwohl er durch eine gezielte ruckartige Körperbewegung in der Lage ist, sich interessanten Geräuschen oder Stimmen zuzuwenden, kann er wegen eben dieser Kopfstützen nicht sehen, was sein Interesse geweckt hat.

Max kann durch eine spezielle Tischanfertigung mit am gemeinsamen Essens- und Beschäftigungstisch sitzen und muss nicht – wie so viele auf Spezialstühle angewiesene Kinder – abseits und unnatürlich erhöht dem Geschehen zusehen. Da Max auf Ansprache und Zuwendung grundsätzlich sehr positiv und freudig reagiert, ist er für die Kinder ein Junge, mit dem man gern Kontakt aufnimmt. Dies halte ich für ein wichtiges Moment bei der Förderung von Kontakten zwischen ihm und der Gruppe.

Ein zweites wichtiges Moment – und das mag banal klingen – ist die Tatsache, dass Max' Spezialstuhl immer in Kinderhöhe ist und von jedem Kind mit Leichtigkeit bewegt werden kann.

5.4   Ein kleines Stückchen Alltag aus der Sicht einer Videokamera

Gleich zu Beginn meiner konkreten Beobachtungs-Aktivitäten filmte ich Max etwa 15 Minuten, um mir einerseits der speziellen Charakteristik von Max' Äußerungen bewusst werden zu können und um mich andererseits durch Gespräche mit Anderen über das Video möglichen verschiedenen Deutungsmustern von Situationen öffnen zu können.

Der Film wurde ohne spezielle Vorbereitung, Ankündigung und Kommentare an einem beliebigen Tag gedreht. Die Idee war, die Kamera über den gesamten Zeitraum auf Max zu richten und abzuwarten, welche Kontakte spontan in dieser Zeit entstehen oder nicht entstehen. Die Erzieherinnen sollten nicht in die Situation eingreifen – eine Bitte, die ich nicht zuletzt deshalb aussprach, weil jede Reaktion von deren Seite insofern nicht spontan sein konnte, als dass ihr die Überlegung »Die Kamera läuft – wie verhalte ich mich?« vorausgeht.

Das Video zeigte ich einerseits den Erzieherinnen in Max' Kindergarten, andererseits Studentinnen eines Seminars, das sich mit dem Thema Autonomie und Behinderung beschäftigt. In dem Video, das sich in zwei Teile untergliedern lässt, werden entsprechend den zwei Teilen zwei Dinge deutlich: 1. Kinder sind durchaus fähig, über einen längeren Zeitraum mit einem (schwerst-)behinderten Kind zu kommunizieren und 2. Kinder können den Kommunikationswunsch eines (schwerst-)behinderten Kindes komplett ignorieren.

Die Ursachen hierfür scheinen schnell erkannt; in Gesprächen nach der Vorführung des Videos wurden einerseits von den Erzieherinnen, andererseits von Studentinnen jedoch sehr unterschiedliche Überlegungen dargelegt, die ich hier wiedergeben möchte.

Zum Teil 1
Inhalt: *Max wird gefilmt, und die Kinder werden nach und nach auf die laufende Kamera aufmerksam. Ein Kind, Diana, rückt Max besser zur Kamera und zeigt damit, dass sie weiß, wer eigentlich gefilmt wird. Die anderen Kinder gehen, nur Diana bleibt in der Nähe von Max und amüsiert sich sehr. Sie erklärt quasi der Kamera, dass Max »gleich sprechen kann« und fordert ihn auf, sich groß zu machen (was sie evtl. von den Erzieherinnen abgeguckt hat). Sie merkt, dass er ihre Brille anfassen möchte und geht auf diesen Wunsch in einer längeren Spielphase ein. Später klatscht sie für ihn in die Hände und will, dass er dies auch tut (kann er jedoch nicht). – Max reagiert mit äußerst freudigen Lauten. Als wieder andere Kinder hinzukommen und Max nach nebenan geschoben werden soll, entbrennt zwischen Diana und einem zweiten Mädchen (Anna) ein Streit darum, wer den Stuhl schieben darf. Max' Rufe beachten die beiden nicht, es geht um den Akt des Schiebens, darum, eine beliebte Handlung ausführen zu können.*
Der Konflikt wird von mir abgebrochen. (Diana ist ein Mädchen, das immer engen Kontakt mit Max pflegt.)

Kommentare/Meinungen/Eindrücke der Erzieherinnen:
1. Diana kann toll mit Max umgehen – evtl. sucht sie den Kontakt zu einem jüngeren Kind, das sie umhegen kann, weil sie zu Hause die mit Abstand Jüngste ist.
2. Max reagiert ganz offensichtlich; das macht es Diana leichter, als wenn er nichts machen würde.
3. Max bekommt ganz viel mit – das sieht man in dem Film besser als im

Alltag, wo man sich eine Szene nicht als Zuschauer, sondern als Beteiligter ansieht.

Kommentare/Meinungen/Eindrücke der Studentinnen:
1. Diana wird durch die auf Max gerichtete Kamera dazu angeregt, dazubleiben.
2. Max ist für Diana eher ein Spielzeug, eine »echte« Babypuppe. Es macht Spaß, damit zu spielen und Anna und Diana streiten sich um Max auch wie um eine Puppe.

Zum Teil 2
Inhalt: *Max steht nunmehr im anderen Zimmer, wo sich zu diesem Zeitpunkt ein Großteil der Kinder aufhält. Einige sitzen mit den Erzieherinnen am Tisch und basteln, einige spielen mit einem Kaufmannsladen. Max wurde von den Kindern ziemlich abseits in eine Ecke des Zimmers geschoben, mit Blick ins Zimmer. Max äußert sich zunehmend stark durch Rufe, aber nur einmal geht ein Junge ganz kurz zu ihm und hält ihm ein Holzspielzeug hin. Max kann nicht so schnell reagieren, der Junge geht sofort weiter. Kein Kind lässt sich im geringsten durch das laute Rufen von Max ablenken.*

Kommentare/Meinungen/Eindrücke der Erzieherinnen:
1. Die Kinder sind gewöhnt, dass wir eingreifen.
2. Klar, dass Max da schreien muss.
3. Wenn wir hingegangen wären, hätte Max aufgehört zu schreien.
4. Max ist verwöhnt.

Kommentare/Meinungen/Eindrücke der Studentinnen:
1. Die Kinder sind damit überfordert, Max' Schreien zu beenden.
2. Für uns ist das Schreien unerträglich, wir würden sofort hingehen.
3. Max zeigt verschiedene Arten von Rufen – man müsste die Einzelnen unterscheiden lernen.
4. Wenn die Erzieherinnen das Schreien ignorieren, dann ignorieren es auch die Kinder.

Deutlich wurde vor allen Dingen:
• *Kontakte zwischen Kindern mit und ohne Behinderung können zwar ohne besondere Vorkehrungen beobachtet, aber nicht immer in ihrer Qualität erfasst werden.*
Qualität kann z. B. heißen: Beide Kontaktpartner gehen auf die Bedürfnisse des jeweils anderen ein, es gibt keine Einseitigkeit. Nur bei genauerem Hinsehen wird erkennbar, dass im Falle von Max und Diana nicht nur Diana Impulse gibt, auf die Max reagiert, sondern auch umgekehrt (Spiel mit der Brille).

• *Kontakte zwischen Kindern mit und ohne Behinderung können durch das Verhalten der Erzieherinnen gefördert, aber auch verhindert werden.* Die laufende Kamera und damit indirekt das Interesse der filmenden Erzieherin animiert Diana, längere Zeit bei Max zu verweilen. Dagegen wirkt sich das scheinbare Desinteresse der Erzieherinnen (sie waren gebeten worden, nicht einzugreifen) offensichtlich negativ auf das Interesse der Kinder aus: Sie gehen ihren Beschäftigungen nach und »überhören« Max' Rufe. Das kurze Interesse eines Jungen an Max schreibe ich der im Hintergrund immer noch neugierig machenden Kamera zu.

• *Kontakte zwischen Kindern mit und ohne Behinderung hängen – wie alle Kontakte – vom Verhalten beider Kontaktpartner ab.* Aktion führt zu Reaktion – jedoch nur, wenn beide Seiten einen Kontakt wünschen. Für ein in seiner Mobilität und Kommunikationsfähigkeit eingeschränktes Kind ist es weitaus schwieriger, seinen Kontaktwunsch deutlich zu machen bzw. in die Tat umzusetzen als für ein nicht behindertes.

Kontakte zwischen Kindern mit und ohne Behinderung, so wird im Film deutlich, sind grundsätzlich existent und von unterschiedlicher Qualität. Nicht jedes Kind ist in der Lage, jederzeit die Kontakt- bzw. Kommunikationswünsche eines behinderten Kindes zu erkennen. Ziel der Erzieherinnen muss es sein, die diesbezüglichen Äußerungen erkennen und deuten zu lernen und die nicht behinderten Kinder an diesem Lernprozess teilhaben zu lassen.
Von Kommunikation kann m. E. erst die Rede sein, wenn die Kommunikationsangebote der behinderten Kinder, ihre »vorschlagende Identität« genauso selbstverständlich erkannt wird wie die der anderen Kinder.

5.5 Alltagssituationen

Vorab sollen alle in den folgenden Situationen erwähnten Kinder und ihr ungefähres Verhältnis zu Max kurz vorgestellt werden (die Namen sind geändert; zur besseren Orientierung stehen sie in alphabetischer Reihenfolge):
– **Anette**, 4 Jahre, sieht Max auch außerhalb des Kindergartens, da sich die Eltern kennen; sie spielt relativ selten mit Max, hat aber eine konstante Beziehung zu ihm und kennt recht genau seine Gewohnheiten.
– **Anna**, 3 Jahre, bei ihr wurden Sprachschwierigkeiten festgestellt (Stottern), weshalb sie von einer ABM-Erzieherin, die kurzfristig ins Team kam, speziell betreut wird; Anna spielt gern mit Max und befindet sich manchmal in einer Art Konkurrenz mit Diana oder anderen Kindern um die Betreuung von Max.

- **Anton**, 4 Jahre, hat einen älteren Bruder mit autistischer Behinderung, der bis zu seinem Schulbeginn auch diesen Kindergarten besuchte; eventuell aus diesem Grund ist er Max gegenüber sehr zurückhaltend. Anton kann sich sprachlich schon sehr gut ausdrücken.
- **Bettina**, 3 Jahre, hat Entwicklungsverzögerungen, kommt aus schwierigen sozialen Verhältnissen; sucht häufig Kontakt zu Max, ist aber unsicher im Umgang mit ihm (wie auch im Kontakt mit anderen Kindern). Bettina hat zwei Schwestern, von denen eine ebenfalls nach §39 BSHG als »behindert« anerkannt ist. Beide Schwestern besuchen auch denselben Kindergarten.
- **Clara**, 3 Jahre, ein eher zurückhaltendes Mädchen, wächst zweisprachig (deutsch/ französisch) auf, schenkt Max gern und oft Zärtlichkeiten, »umschwirrt« ihn regelrecht, ohne länger in Kontakt zu bleiben.
- **Diana**, 4 Jahre, Entwicklungsverzögerungen, ihr Verhältnis zu Max ist sehr eng, sie wird von der Gruppe als **die** Freundin von Max akzeptiert. Obwohl sie als »entwicklungsverzögert« eingeschätzt wurde, ist sie in Bezug auf ihr Sozialverhalten zumindest gegenüber Max nach meiner Einschätzung eher frühreif.
- **Ferdinand**, 3 Jahre, hat eine Gaumenspalte mit starken Sprachauffälligkeiten und Neurodermitis, wird von einer Familienhelferin betreut; beobachtet Max oft, ohne in Kontakt mit ihm zu treten. Auch zu den anderen Kindern der Gruppe nimmt er eher selten Kontakt auf.
- **Jacob,** 4 Jahre, ist gern Spielpartner von Max, beobachtet ihn oft und genau. Manchmal hatte ich den Eindruck, als ob Jacob sich selbst als (heimlichen) »Kumpel« von Max sieht.
- **Karem**, 3 Jahre, ist ein ausländischer Junge aus einem völlig anderen Kulturkreis (Pakistan), der bisher kaum spricht und große Schwierigkeiten hat, sich in der Gruppe einzuleben; auch er wird von der ABM-Erzieherin betreut. Karem hat sich, solange ich die Gruppe beobachtete, Max nie genähert. Ich gehe jedoch davon aus, dass er ihn sehr wohl registriert und auch beobachtet.
- **Kevin**, 4 Jahre, ist ein Junge mit Fragile-X-Syndrom, wird von einer Familienhelferin betreut; er spricht sehr undeutlich, reagiert häufig sehr aggressiv gegenüber anderen Kindern und auch gegenüber Erzieherinnen, wendet sich aber mit besonderer Zärtlichkeit Max zu.
- **Robert**, 4 Jahre, kommt aus einer sozial sehr schwierigen Familie, er gilt als entwicklungsverzögert, hat einen ebenfalls behinderten großen Bruder, der denselben Kindergarten besucht. Er nähert sich Max oft, aber immer nur sehr kurz. Seine Art, Max zu beobachten, lässt vermuten, dass Max eine besondere Faszination auf ihn ausübt.
- **Sabine**, 4 Jahre, geht so unbefangen mit Max um, dass ich manchmal bezweifle, ob sie überhaupt irgendetwas an ihm »ungewöhnlich« findet.

Es folgt nunmehr eine Kurzdarstellung ausgewählter Situationen; sie sind zur besseren Systematik unter bestimmten »Rubriken« zusammengefasst.

Max wird (scheinbar) nicht beachtet

Hiermit sind Situationen gemeint, in denen es so wirkt, als ob Max keinerlei Beachtung geschenkt wird, obwohl er anwesend ist.

(1) Anette, Sabine, Max
Anette und Sabine haben sich Max an einen Spieltisch geschoben. Sie sprechen miteinander über den gedeckten Tisch und darüber, wer jetzt zur Arbeit gehen muss. Mit Max sprechen sie nicht, sie halten ihm nur einmal kurz etwas vom Spielzeugessen an den Mund. Max gibt Laute von sich, die aber nicht in das Spiel einbezogen werden. Später verschwinden die beiden Mädchen und lassen Max stehen.

(2) Die ganze Gruppe, Max
Die Kinder spielen laut und wild, als Hunde krabbeln sie quer durch den Gruppenraum, die Hundebesitzer kommandieren ihre Hunde lautstark hin und her.
Max sitzt in seinem Stühlchen mitten im Geschehen und guckt aufmerksam zu. Er wird von den Kindern nicht beachtet. Manchmal stoßen sie an sein Stühlchen oder an sein Bein, beachten ihn aber trotzdem nicht. Max gibt seinerseits kein Zeichen, das den Wunsch einer Beteiligung ausdrücken könnte.

(3) Die ganze Gruppe, Max, Erzieherin
Die Kinder spielen zunächst im selben Raum wie Max (inwiefern er einbezogen wurde, habe ich nicht beobachtet). Spontan wechseln sie den Raum, Max bleibt allein zurück. Die Erzieherin bemerkt dies und spricht die Kinder an: »Was ist mit Max? Wollt ihr Max nicht mitnehmen?« *Daraufhin schiebt eines der Kinder (Sabine) Max nach nebenan, ohne dass er daraufhin in ein Spiel einbezogen wird.*

Max ist anders – oder? (Erklärungsversuche)

Die Kinder stellen Fragen zu Max' Verhalten. Sie erklären sich Unbekanntes mit Bekanntem bzw. als Variante von schon Bekanntem.

(4) Anton, Diana, Sabine, Anette, Erzieherin, Max
Alle sitzen um den Tisch und unterhalten sich darüber, was sie schon können.

Erzieherin: »*Und Max? Was kann Max schon?*«
Anton: »*Der kann schon sprechen.*«
Anette: »*Nein, der kann nicht sprechen.*«
Anton: »*Doch!*«
Sabine: »*Was sagt er denn?*«
Anton: Ahmt Max' Laute nach.
Diana: »*Der kann schon ein bisschen sprechen, wa Max?*«
Max: Reagiert mit einem Laut, der »*Ja*« *heißen könnte.*
Diana: »*Der hat Ja gesagt!*«
Erzieherin: »*Kann Max auch Nein sagen?*«
Alle Kinder bejahen dies und können realitätsgetreu Max' Mundstellung, die bei ihm »*Nein*« *bzw.* »*Ich will nicht*« *bedeutet, nachahmen.*

(5) Clara und eine Erzieherin
Clara: »*Der Max ist krank. Deshalb schreit der immer.*«
Erzieherin: »*Was? Max ist krank?*«
Clara: »*Ja, der ist immer krank.*«
(Max war zu diesem Zeitpunkt nicht krank und es ist auch nicht klar, ob Clara selbst auf die Bezeichnung »*krank*« *gekommen ist oder ob ihr dies von einem Erwachsenen als Erklärung für Max' Zustand gegeben wurde.)*

(6) Bettina und Max
Max sitzt im Wagen und macht unkontrollierte Bewegungen mit den Armen. Er kann Bettina nicht sehen, berührt sie aber zufällig mit seiner Hand.
Bettina: »*Der Max haut mich!*«

(7) Diana, Max
Max wird gefilmt, Diana beschäftigt sich mit ihm. Max ruft unverständliche Laute. Diana erklärt – sozusagen für die »*unwissende*« *Kamera:* »*Der Max kann gleich sprechen. Wa, Max?*«

(8) Anna, Max
Ein Auge von Max ist mit einem Pflaster zugeklebt, damit soll sein Schielen korrigiert werden. Anna sagt mit einem Blick auf das Pflaster: »*Max hat da ein Aua!*«

Max ist interessant (Imitieren, Beobachten und Ausprobieren)

Die Kinder beobachten Max, imitieren ihn und »probieren«, so zu leben wie er.

(9) Diana, Sabine, Anette
Die drei Mädchen sitzen abwechselnd in Max' Stühlchen; ihr Kommentar, um in das Stühlchen zu gelangen, ist fast immer:
»Jetzt will ich mal das Baby sein!«

(10) Clara, Sabine
Ganz durch Zufall beobachte ich, wie Clara und Sabine »Max« spielen. Clara liegt auf einer Matte und imitiert mit großer Genauigkeit die Körperhaltung von Max, indem sie die Arme nach unten ausgestreckt und verkreuzt hält. Sabine deckt sie zum Schlafen zu. In dem Moment, in dem sie mich bemerken, brechen sie das Spiel abrupt ab.

Hallo Max! (einseitige emotionale Zuwendung, Geborgenheit geben und holen)

Max wird von den Kindern aufgesucht, um ihm Zärtlichkeiten zu geben oder von ihm Zärtlichkeiten zu holen, ohne dass eine Reaktion von Max erwartet wird. Oder: Max wird als Ruhepol aufgesucht, an dem man sich geborgen fühlen kann.

(11) Alle Kinder der Gruppe und Max
Max kommt am Morgen im Kindergarten an. Die meisten Kinder rufen zur Begrüßung seinen Namen und rennen zu ihm hin, um ihn »mal kurz« zu berühren. Diese Szene wiederholt sich fast täglich.

(12) Max, Robert
Max sitzt in seinem Stühlchen. Robert kommt mit einem Stückchen Banane und steckt es Max wortlos in den Mund. Er schaut ihm aufmerksam beim Kauen zu, dann geht er wieder. Max ruft, aber Robert beachtet ihn nicht mehr.

(13) Anette, Max
Anette »streicht« durchs Zimmer, geht kurz zu Max, streichelt seinen Kopf und geht weiter.

(14) Clara, Anette, Max
Im Garten. Max schreit. Als Clara und Anette dies bemerken, klettern sie

an seinem Wagen herum und geben ihm abwechselnd Küsschen. Dann nehmen sie den Wagen und schieben ihn gemeinsam »durch die Botanik«, ohne dabei Max zu beachten.

(15) Diana, Max
Die Kinder ziehen sich in der Garderobe an, um in den Garten zu gehen. Diana zu Max: »Nachher schlaf' ich wieder neben dir, ja, Max?« Die Antwort von Max ist Diana egal, sie wendet sich gleich wieder ab.

(16) Ferdinand, Max, zwei Erzieherinnen
Ferdinand sitzt am Boden und spielt mit einer Erzieherin. Eine andere kommt mit Max im Arm und sagt zu Ferdinand: »Guck mal, da ist Max. Guten Morgen!« Ferdinand guckt Max aufmerksam an, sagt aber nichts. In dem Moment, da die Erzieherinnen untereinander ein kurzes Gespräch anfangen, nimmt Ferdinand Max' Hand und sagt sehr klar: »Guten Morgen, Max.«

(17) Ferdinand, Max
Ferdinand steht im Garten ca. eine Minute lang regungslos an Max' Wagen und beobachtet Max.

Wir kümmern uns um Max ... (Versorgen und Bemuttern)

Die Kinder übernehmen die Rolle der Erzieherin bzw. werden zu »fleißigen Helfern« der Erzieherin. Sie erkennen Max' Versorgungsbedürfnisse und gehen darauf ein.

(18) Sabine, Anette, Max
Sabine kommt gerade von der Toilette, da sieht sie, wie Anette Max zur Toilette schiebt.
Sabine: »Na gut, heute darfst du den Max schieben!«

(19) Diana und Max
Max sitzt in seinem Stühlchen und wird gefilmt. Diana bemerkt dies und rückt Max' Stühlchen für die Kamera zurecht. Sie wartet ab, was passiert, dann wendet sie sich Max zu: »Max, mach' dich groß! Guck mal, ich bin hier oben!« (Die Bemerkung »Mach dich groß!« ist ein von den Erzieherinnen häufig gebrauchter Satz, um Max' Körperhaltung zu korrigieren.)

(20) Diana
Diana hat draußen Max' Mutter gesehen und ruft selbstbewusst in den Gruppenraum: »Max wird abgeholt!«

Komm, wir spielen! (Aufforderung zur Interaktion durch andere Kinder oder durch Max selbst)

In manchen Situationen wollen die Kinder mit Max spielen, erhalten aber keine adäquate Reaktion von ihm. Umgekehrt gibt es Situationen, in denen dem Kontaktwunsch von Max nicht entsprochen wird.

(21) Diana und Max
Max weint. Diana versucht, ihn zu trösten und sagt: »*Komm, wir spielen!*«
Max schreit genauso heftig wie vorher weiter. Diana wendet sich ab und sagt zur dabeistehenden Erzieherin: »*Der Max will nicht spielen.*«

(22) Sabine, Anette, Max
Sitzen am Kaffeetisch. Sie sind fertig.
Sabine zu Anette: »*Woll'n wa spielen gehen mit Max?*«
Anette: »*Ja!*«
Sabine zu Max: »*Woll'n wa hier spielen oder nebenan, Max?*«
Max: Zeigt keine sichtbare Reaktion bzw. kann so schnell nicht antworten.
Sabine: »*Ja? Nach nebenan? Wir geh'n nach nebenan spielen.*«

(23) Verschiedene Kinder, Max
Oft bieten die Kinder Max verschiedene Materialien an (Tücher, Felle, Decken), wenden sich aber schnell wieder ab, da Max nicht gleich reagiert bzw. sie mit Max' Reaktion nichts anfangen können.

(24) Kevin, Max
Kevin spielt ein Steckspiel auf einem großen Plastikbrett. Max sitzt mit am Tisch und guckt zu. Nach jeder Veränderung der Stecker zeigt Kevin Max das Brett und redet dabei (unverständlich). Max reagiert nicht, scheint aber zufrieden.

(25) Max und alle anderen Kinder des Kindergartens
Max sitzt in seinem Wagen im Garten und schreit laut. Lange Zeit beachtet ihn kein Kind, obwohl das Schreien weithin zu hören ist.

(26) Max, Diana, ich
Diana hat ihre Schlafmatte neben die von Max gelegt. Allein blättert sie in einem bunten Katalog. Ich sehe Max' neugierigen Blick und sage zu Diana: »*Lass doch Max auch mit 'reingucken!*« *Diana schiebt den Katalog ein Stück zu Max, Max wird aktiv. Diana bemerkt dies nicht und blättert weiter im Katalog. Nach einer Weile wird es ihr zu unbequem. Sie sagt:* »*Max will sich das nicht angucken!*« *und rückt den Katalog wieder*

zu sich. Kurz darauf schiebt sie ihr Kuscheltier zu Max und sagt: »Hier,
Max! Guck mal, mein Kuscheltier!« Ehe Max reagieren kann, wendet
sich Diana wieder ab. Nun kommen zwei andere Kinder mit Büchern und
setzen sich zu Diana aufs Bett. Max bleibt unbeachtet, obwohl er ver-
sucht, sich der Gruppe zuzuwenden.

Geh' weg! (ablehnende emotionale Impulse)

Im Folgenden werden Situationen geschildert, in denen dem Versuch von
Max, zu einem anderen Kind Kontakt aufzunehmen, mit Ablehnung begegnet wird.

(27) Anna, Max
Anna guckt sich ein Bilderbuch an. Max sitzt daneben. Er versucht, mit
seiner geschlossenen Faust eine Seite umzublättern.
Anna: (Schiebt Max' Hand weg) »Mann Max!«
Anna: (Zu einer zuschauenden Erzieherin) »Der Max soll das nicht an-
gucken. Der zerknautscht das immer!«

(28) Anton, Max, ich
Anton, Max und ich spielen im Snoezele-Raum.
Anton: (zu mir) »Der soll nicht auf mein Kissen! Der sabbert mein Kis-
sen voll!«

Komplexere Interaktionen – Max als Partner/ Spielpartner

Die (einseitige) Aufforderung zur Aktion wird erwidert, der Partner erkennt und nutzt die Aufforderung zum gemeinsamen Tun.

(29) Anton, Max, Erzieherin
Die Erzieherin schaut sich mit den Kindern ein Bilderbuch an und er-
zählt von Mo und Moritz (Figuren aus dem Buch). Sie fragt die Kinder
bei jeder neuen Seite, wer Mo und wer Moritz ist.
Erzieherin: (zeigt auf die Figur Mo) »Wer ist das, Max?«
Max : (schwer verständlich, evtl. zufällig) »Moo.«
Anton: »Jaaaa! «
Erzieherin: (zeigt auf die Figur Moritz) »Und wer ist das?«
Max: (wieder schwer verständlich) »Moo.«
Anton: »... Ritz!!! Moritz muss das heißen!«

(30) Max, Diana (siehe Videobeschreibung)
Diana verweilt an Max' Stühlchen. Sie spricht ihn an, worauf er freudig

seinen Arm in Richtung ihres Kopfes bewegt und ihre Brille berührt.
Diana:»Der will meine Brille!«
Sie lacht und hält ihm mehrmals die Brille hin, bis Max sie zu fassen
bekommt. Max will die Brille haben, und Diana geht darauf ein. Nach
einer Weile fällt ihr ein neues Spiel ein: Sie klatscht in die Hände, worauf
Max vor Freude juchzt. Diana wiederholt das Klatschen und Max ver-
sucht, es nachzumachen, was ihm aber nicht gelingt. Diana kommt nä-
her an Max heran, um ihm deutlicher zu zeigen, wie man klatscht. Max
freut sich sichtlich darüber, was Diana mit »Der freut sich!« kommen-
tiert.

(31) Max, Anton, Jacob, ich
Ich spielte mit Max mehrmals ein Spiel, das ich »Gib' mir drei!« nenne
und bei dem der Spielpartner auf diese oder ähnliche Aufforderungen
hin dem anderen immer die entsprechende Anzahl Schläge auf die Hand
geben muss. Max versteht die Aufforderung und bewegt seinen Arm zu
meiner Hand, ich zähle laut mit. Jacob und Anton kommen dazu und
wollen auch mit mir spielen. Ich spiele abwechselnd mit den drei Jungen,
wobei Jacob und Anton Max' – nur völlig undeutlich gesprochenen –
Laute immer gleich als Zahl erkennen/ deuten und auch mit großer Ge-
duld abwarten, bis Max fertig mit »schlagen« ist. Erst wollen sie selbst
Max nicht auffordern; nach einer Weile gibt sich Anton einen (beinahe
sichtbaren) Ruck und sagt zu Max: »Gib mir acht!«

(32) Anna, Max
Anna sitz auf dem Klo und hat sich Max in seinem Stühlchen herangeholt.
Sie streichelt liebevoll seine Hand, seinen Kopf, gibt ihm ein Küss-
chen. Max reagiert durch aufmerksame Blicke und gezielte Armbewe-
gungen. Anna bemerkt diese und hält ihren Kopf so, dass Max ihr durchs
Haar streichen kann. Anna genießt dies, richtet sich dann wieder auf und
sagt liebevoll: »Ich bin das, Max. Ich bin das!«
Danach drückt sie mit den Füßen die Stopper an Max' Stuhlrädern hin-
unter. Max gibt einige Laute von sich, auf die Anna aber nicht reagiert.
Sie steht unerwartet auf und geht, ohne Max weiter zu beachten.

(33) Max und Robert, später Jacob
Max sitzt in seinem Stühlchen am Tisch. Robert hat für ihn einen Baustein-
Turm geholt. Er baut ihn vor Max' Augen auf. Dabei spricht er mit Max
und kommentiert, was er gerade tut. Max guckt gespannt. Als der Turm
fertig ist, fordert Robert Max auf: »Los, Max! Los, schmeiß den um!«
Max kann nicht so schnell den Arm in die richtige Position bringen, ob-
wohl er es versucht. Robert nimmt seinen Arm und hilft ihm, den Turm
umzuschmeißen. Beide freuen sich. Während Robert den Turm wieder
aufbaut, sagt er: »Jetzt ich. Ja, Max?« und schmeißt anschließend den

Turm selbst um. Dasselbe wiederholt sich mehrmals. Nach einer Weile wendet sich Robert ab, Max versucht allein, die Bausteine zu erreichen. Ich bitte Jacob, ihm die Bausteine näher heran zu schieben. Jacob tut es, bleibt bei Max und nimmt das Spiel von Robert auf, ohne jedoch den Turm selbst umzuschmeißen – er überlässt es immer Max. Auch er spielt über einen längeren Zeitraum mit Max.

(34) Max, Diana
Diana hat für Max einen flachen Holzpuppenwagen organisiert. Sie bittet eine Erzieherin, Max hineinzusetzen. Anschließend zieht sie Max durch den Garten. Um ihn zum Lachen zu bringen, wirft sie sich immer und immer wieder vor Max auf den Boden, so als würde sie laufend stolpern. Max amüsiert sich sehr, was wiederum Diana animiert, das Spiel quer durch den Garten fortzusetzen.

(35) Ein achtjähriges Mädchen, Max, mehrere Kinder aus dem Kindergarten
Ein achtjähriges Mädchen, das für einige Stunden zu Gast im Kindergarten ist, findet spontan Zugang zu Max. Max sitzt im Garten auf der Schaukel und das Mädchen bringt ihn mit allerlei Lauten und Geräuschen zum Lachen. Schon nach kurzer Zeit scharen sich ca. fünf Kinder um die beiden und lachen ebenfalls lauthals über die Geräusche. Sie ahmen dieselben nach und versuchen auch, Max damit zum Lachen zu bewegen. Es »funktioniert« und auch als das Mädchen sich abwendet, spielen die Kinder quietschvergnügt mit Max weiter, bewegen übermütig die Schaukel hin und her und freuen sich über Max' Reaktion. Als eine Erzieherin vorschlägt, Max einmal in den kleinen Holzpuppenwagen zu setzen, wollen alle Max schieben. Als die Erzieherin jedoch abgelenkt wird und kurze Zeit weggehen muss, rennen auch alle Kinder weg und lassen Max allein in der Schaukel zurück.

(36) Max, Erzieherin, Jacob
Max sitzt auf dem Schoß einer Erzieherin. Vor ihm steht ein Bänkchen mit Legobausteinen. Max schiebt diese hin und her. Jacob gesellt sich dazu, baut mit den Steinen, ohne sie Max wegzunehmen. Max schaut zu und greift hin und wieder nach den Steinen. Jacob und Max sind wortlos in ihr Spiel vertieft, auch die Erzieherin schweigt.

(37) Max, Bettina, Anette, Jacob, Clara, Sabine, Erzieherin, ich
Max sitzt in einer Kissenecke am Boden. Bettina kommt mit Plastik-Bausteinen zum Turmbauen anspaziert und zeigt sie einer Erzieherin. Diese schlägt vor, dass Bettina mit Max einen Turm baut. Bettina setzt sich zu Max. Ich bin zufällig gerade dabei, Max zu fotografieren und sitze ebenfalls in der Nähe von Max. Bettina fängt an, den Turm aufzubauen, Max versucht, ihn umzuwerfen.

Bettina: »*Nicht umschmeißen Max!*«
Bettina zögert, den Turm überhaupt weiterzubauen. Ich sage: »*Ach bau mal weiter, Max wird den schon nicht umschmeißen.*« *Bettina baut weiter, Max versucht weiterhin, an den Turm zu gelangen. Ich frage:* »*Kann Max denn den Turm mal umschmeißen, wenn er fertig ist?*« *Bettina antwortet nicht, aber nach kurzer Zeit sagt sie zu Max:* »*Jetzt schmeiß den um. Los!*« *Sie nimmt Max' Hand und führt sie zum Turm – der Turm fällt um. Bettina baut ihn wieder auf. Ich sage:* »*Du musst ihn näher zu Max stellen, dann kann er ihn auch allein umschmeißen.*« *Bettina tut dies. Inzwischen sind Anette, Sabine, Jacob und Clara dazugekommen und stehen interessiert um die beiden herum. Als der Turm fertig gebaut ist, will Bettina wieder Max' Hand nehmen. Die anderen Kinder rufen sofort im Chor:* »*Max kann das schon alleine!!!*« *Bettina wird es offensichtlich zu* »*bunt*«; *sie verschwindet unauffällig. Sofort greift Anette das Spiel auf, auch die anderen Kinder bleiben noch einen Moment da. Kurz danach wird zum Essen gerufen, die Kinder rennen weg.*

Weitere Beobachtungen

Ich möchte hier noch einige Beobachtungen darlegen, die mir im Gesamtzusammenhang wichtig erscheinen und die ich nicht unter den gewählten Überschriften einordnen möchte.

(38) Alle Kinder haben einen Blütenzweig gemalt. Von jedem Kind hängt ein Bild im Flur. Die Zeichnungen, obwohl sie sich ähneln, sind Ausdruck der individuellen Möglichkeiten der Kinder – die Zeichnung von Max jedoch trägt eindeutig die »*Handschrift*« *eines Erwachsenen. Es ist nicht zu erkennen, dass Max an der Herstellung der Zeichnung aktiv beteiligt war.*

(39) Die Kinder spielen mit den Erzieherinnen »*Mein linker Platz ist leer*«*. Max kann in seinem Rollstühlchen ausgezeichnet mitspielen und genießt sichtbar den Trubel, der bei dem Spiel entsteht.*

(40) Alle Kinder rennen schreiend in den Garten, nachdem sie sich angezogen haben. Max bleibt mit seinem Wagen allein zurück. Ich bitte Sabine und Anna, doch noch auf Max zu warten. Mit rührender Treue stehen sie daraufhin am Wagen und warten geduldig eine längere Zeit, bis eine Erzieherin kommt.

(41) Clara hat ein Bild von Max gemalt und zeigt es einer Erzieherin. Clara: »*Das ist Max. Der steht da.*«

Erzieherin: »Kann Max denn stehen?«
Clara: »Ja. R. (Erzieherin) hält ihn fest.«
Erzieherin: »Wo denn? Ich seh' sie gar nicht.«
Clara: Dreht das Blatt um; auf die Rückseite ist eine weitere Figur gemalt: »Na, da!«

Ergänzende Gespräche mit Kindern

Gespräche mit Kindern über Max hatten für mich nicht **die** ergänzende Wirkung, die ich mir von ihnen erhofft hatte. Oft antworteten Kinder mit »weiß ich nicht« oder gaben als Antwort die von mir gestellte Frage wieder (Warum redet Max nicht? Weil er nicht redet.)
Die Gespräche waren für mich insofern eine Bereicherung, als dass mir deutlich wurde, wie wenig Max' Behinderung die Kinder gedanklich beschäftigt bzw. wie fremd ihnen meine Art der Auseinandersetzung mit Max' Behinderung ist.
Zugleich wurde mir – auch im Zusammenhang mit den beobachteten Interaktionsszenen – bewusst, dass die Beziehungen der Kinder nicht nur untereinander, sondern auch zu den Erzieherinnen von ihrem noch stark eingeschränkten sprachlichen Ausdrucksvermögen gekennzeichnet sind. Kleinere Gesprächsteile möchte ich im Folgenden wiedergeben:

Anton
R. F.: »Ist Max denn dein Freund?«
Anton: »Nein. Jacob ist mein Freund. Und Anette.«
R. F.: »Aber ich glaube Diana, das ist Max' Freundin.«
Anton: »Ja. Und Florian.«
R. F.: »Hat denn Max viele Freunde?«

Anton: » Ja, viele.«
R. F.: »Und du, hast du viele Freunde?«
Anton: »Ich hab' eigentlich nur wenig Freunde. Nur zwei.«

R. F.: »Was meinst du, gibt es noch mehr solche Kinder auf der Welt wie Max?«
Anton: »Weiß ich nicht, das kann man nicht so genau wissen.«
R. F.: »Und im Kindergarten?«
V. : »Ja. Der Markus. Und dann noch... der ist schon ein bisschen erwachsener...der Benny.«
(Markus ist ein Kind mit ähnlicher Behinderung wie Max; Benny ebenfalls, er geht jedoch seit einem halben Jahr zur Schule.)

R. F.: »Glaubst du, dass Max uns verstehen kann?«
Anton: »Nein.«
R. F.: ???
Anton: »Na, ich mache doch Quatschsprache. Matschibatschibrl ...«
Nach einer Pause: »Karem kann uns nicht verstehen. Der kommt aus einem anderen Land.«
(Karem ist ein dreijähriger Junge aus Pakistan, der viel versteht, aber fast überhaupt nicht redet.)

Anette
R. F.: »Sag' mal, du siehst doch den Max auch zu Hause, oder?«
Anette : » Ja, bei ...« (Name von Max' Mutter)
R. F.: »Spielst du da mit Max?«
Anette : »Ja, da spiel'n wir immer.«
R. F.: »Was denn so?«
Anette : »Na, ich zeig' dem Max meine Kuscheltiere.«
R. F.: »Und? Gefällt ihm eins am besten?«
Anette : »Ja, alle!«
R. F.: »Und schläfst du dann manchmal bei Max?«
Anette : Lacht. »Nee! Da hab' ich doch kein Bett!«

R.F. : »Anette, weißt du, was das bedeutet, wenn Max schreit?«
Anette : » Na, der will was zu trinken.«
R.F. : »Will er nicht vielleicht einfach mit euch spielen?«
Anette : »Nein. Der will was trinken. Oder was essen.«
R.F. : »Kann Max denn Ja und Nein sagen?«
Anette : »(Mit belehrendem Unterton) Ja, das kann er.«

Anna
R. F. : »Warum schreit denn Max?«
Anna : »Na, weil der immer schreit. (Nach einer Pause:) Der Max ist

noch ein Baby.«
R. F. :»Warum denkst du das?«
Anna:»Na, der sitzt noch im Wagen.«

Sabine
gesellt sich zu dem o. g. Gespräch mit Anna und sagt bestätigend:
Sabine:»Ja, der sitzt im Wagen. Max ist ein Baby.«
R. F. :»Ja, Max sitzt noch im Wagen, aber er ist kein Baby mehr. Er kann
eben nicht so laufen wie ihr.«
Sabine:»Der Max kann aber nicht kauen. Der schluckt immer alles nur
'runter.«

5.6 Auswertung

Jede beobachtete Szene steht in einem bestimmten situativen (räumlichen und zeitlichen) Zusammenhang. Sie verliert in dem Moment, in dem sie niedergeschrieben wird, weitestgehend diese Mehrdimensionalität. Weder ihre zeitliche, noch ihre räumliche Einbindung in das Gesamtgeschehen kann adäquat erfasst werden. Ähnlich wie eine Fotografie bleibt sie offen für verschiedene Deutungen des Betrachters.

Eine prinzipielle Offenheit für die verschiedenartigen Interaktionen zwischen den Kindern und ein Nachdenken darüber, was diese aussagen können, erscheint mir nach verschiedenen Gesprächen mit Erzieherinnen zunächst wichtiger als die richtige Deutung einer einzelnen Szene. Meine Überlegungen und Deutungen haben Vorschlag-Charakter.

Insgesamt zeigte sich, dass Interaktionen zwischen Max und den anderen Kindern oft von kurzer Dauer sind. Es gibt typische, kurze Kontaktsituationen, die sich häufig wiederholen und die nur dann sinnvoll auszuwerten sind, wenn das Davor und Danach genau beobachtet wurde (z. B. wird Max oft »im Vorübergehen« gestreichelt).

Eine Komplexität von Interaktionen, wie sie u. a. bei Schulkindern zu beobachten ist (vgl. z. B. MENTZENDORFF-MITLEHNER 1992), kann bei drei-bis fünfjährigen Kindern nur ansatzweise beobachtet werden.

Freiwilligkeit, emotionale und inhaltliche Fundiertheit der Kontakte

• **Kontakte zwischen Kindern mit und ohne Behinderung, also auch Kontakte zwischen Max und seiner Gruppe, entstehen tatsächlich freiwillig.** Die räumliche, zeitliche und pädagogische Organisation des Kindergartens (Zeit für Freispiel, verschiedene Spielecken und -materialien, Prinzipien der Montessori-Pädagogik) ermöglicht prinzipiell allen

Kindern, Freiräume zur Wahrung von Nähe und Distanz zu finden. Es war jedoch zu beobachten, dass oft ein Anstoß durch die Erzieherinnen nötig ist, damit überhaupt längere Kontakte zwischen Max und den Kindern entstehen. Als kontaktfördernd und trotzdem Freiwilligkeit gewährleistend erwiesen sich Situationen, in denen eine Erzieherin mit Max spielt bzw. gespannte Aufmerksamkeit gegenüber Max zeigt. Oft fühlten sich andere Kinder von dieser Situation angezogen, schauten zu oder spielten mit. Der Erzieherin kommt hier eine Vorbildrolle zu, derer sie sich durchaus bewusst sein sollte. Aufgabe der Erzieherinnen ist es sicherlich auch, die räumliche und zeitliche Situation so zu gestalten, dass es überhaupt attraktiv für andere Kinder ist, mit Max zu spielen oder ihn in ihre Spiele einzubeziehen (Spielzeugauswahl, gemütliche Sitzecken, ungewöhnliche/überraschende Spielideen der Erzieherinnen).
So kann z. B. Jacob in Ruhe mit Max spielen, weil eine Erzieherin durch ihre schweigende Anwesenheit einerseits garantiert, dass sie Jacob nicht zum Spiel mit Max zwingt, andererseits dass sie Jacob in seiner Lust, mit Max zu spielen, unterstützt, wenn dies nötig wird (Szene 36).
Anton, der allein wenig Kontakt zu Max hat, guckt sich im Schutz der Erzieherin mit Max zusammen ein Buch an und nimmt sogar Kontakt mit Max auf (Szene 29).

- **Max ist für die Kinder kein von Erwachsenen versorgter Fremder, sondern ein zur Gruppe gehöriges Kind, dem sie sich emotional verbunden fühlen.** Sie begegnen ihm freundlich, neugierig, geduldig, ängstlich usw.
Selbst Ferdinand, ein Junge, der nach Aussage der Erzieherinnen keinen Kontakt zu Max hat, zeigt bei der Begrüßungsszene, dass ihm Max durchaus etwas bedeutet (Szene 16).
Die Gruppenerzieherinnen, aber auch andere Erzieherinnen oder Eltern, die in den Gruppenraum kommen, begegnen Max oft mit besonderer emotionaler Zuwendung – ein Verhalten, das den Kindern sicher nicht verborgen bleibt und von ihnen eventuell nachgeahmt wird.
So begrüßen die Kinder Max eventuell deshalb immer besonders aufmerksam, weil sie dieses Verhalten von den Erzieherinnen gewohnt sind (Szene 11).
Max wiederum reagiert auf die Anwesenheit und Aufmerksamkeit anderer Kinder mit Lächeln, Freude und vielfältigen Körperbewegungen – gleichfalls Ausdruck einer inneren Bewegung. Darüber hinaus stellt die Verlässlichkeit des Kommens von Max (meist zur selben Zeit mit dem Fahrdienst) eine ebenso gute Grundlage fundierter Kontakte dar wie die Tatsache, dass Freiräume zu selbstbestimmter Kontaktaufnahme zwischen Max und den anderen Kindern täglich gewährleistet sind. Zu keinem Zeitpunkt beobachtete ich, dass sich die Erzieherinnen gegenüber den Kindern als »Besserwisser« oder als »Besitzer« von Max ausgaben.

- **Die Tatsache, dass die Kinder in einer Gruppe miteinander und aneinander lernen können und sollen, deutet auf inhaltliche Fundiertheit der Kontakte hin.** Andererseits lässt sich durch die von mir gemachten Beobachtungen solche inhaltliche Fundiertheit nur bedingt nachweisen: Die Beschäftigungen der Kinder und auch die Beschäftigungsangebote der Erzieherinnen für die ganze Gruppe sind oft so stark an den Bedürfnissen der nicht behinderten Kinder orientiert, dass für Max eine Extra-Beschäftigung gefunden werden muss – oder er benötigt so umfangreiche Hilfe, dass eigentlich nicht mehr von Selbsttätigkeit die Rede sein kann. Das Erreichen eines (für Max nicht erreichbaren) Ziels steht dann eher im Mittelpunkt als das gemeinsame Tun. Es entsteht die paradoxe Situation, dass Max einerseits mit der an die Gruppe gestellten Aufgabe überfordert ist, andererseits mit der daraus resultierenden Extra-Beschäftigung oder Hilfestellung (Führung seiner Hand u.ä.) unterfordert ist. Dabei könnte es für Max durchaus auch interessant sein, einfach die anderen Kinder beim Malen zu beobachten oder die gestellte Aufgabe seinen speziellen Möglichkeiten entsprechend zu lösen.

Eine gestellte Malaufgabe – der Blütenzweig – kann von Max unmöglich gelöst werden, sodass die Erzieherinnen »helfen« müssen (Szene 38).

Die Erzieherinnen begründen dies zum Teil damit, dass die Eltern solche erreichten Ziele sehen möchten. Eine Sensibilisierung dafür, dass das gemeinsame (soziale) Miteinander genauso wichtig bzw. wichtiger ist als das Erreichen eines scheinbar gemeinsamen (materiellen) Ziels, ist notwendig.

Gemeinsame Spiele oder Beschäftigungen, in denen das im Mittelpunkt steht, was alle Kinder – also **auch** Max – können bzw. gern machen, konnte ich nur selten beobachten. Dabei sollte bewusst sein, dass es für Max in mancher Situation auch angenehm oder attraktiv sein kann, nur zuzuschauen oder auf die ihm eigene Weise mitzutun.

Ein kleines, aber wirkungsvolles Spiel, bei dem die Bedürfnisse aller Kinder im Mittelpunkt standen, ist »Mein linker Platz ist leer«. Max kann durch sein Stühlchen gut mithalten und kann von den Kindern als gleichberechtigter Spielpartner erlebt werden. Erzieherinnen wie auch die Kinder gaben ihm genug Gelegenheit und Zeit, auch selbst ein bestimmtes Kind auf den »linken Platz« zu wünschen (Szene 39).

Auseinandersetzung mit der Behinderung von Max auf der interaktionellen Ebene

Grundlage des Umgangs der Kinder mit Max, so konnte beobachtet werden, ist die Akzeptanz seiner Individualität. Die Kinder begegnen Max offen und unbefangen; Zurückhaltung und Scheu beobachtete ich bei Kindern, die prinzipiell zurückhaltend sind.

Max' Individualität ist den Kindern so selbstverständlich, dass ich bei meinen Gesprächen mit den Kindern das Gefühl hatte, sie interessierten sich nicht für seine Beeinträchtigung. Die von uns Erwachsenen definierte »Abweichung von der Norm« stellt für die Kinder offensichtlich (zunächst) kein Problem dar. Zum Teil überbrücken die Kinder spielerisch Kommunikationsbarrieren, scheinbar ohne sich dessen bewusst zu sein.
Die Auseinandersetzung mit der Andersartigkeit von Max und der Umgang mit ihm findet auf verschiedene Weise statt:

- **Die »Abweichung« von Max wird von den Kindern begriffen als »Variante von Vertrautem«.** Insgesamt entstand der Eindruck, dass die Kinder aus Max' Gruppe zum großen Teil Max als (besonderes) »Baby« begreifen, dem genau die Fähigkeiten zugestanden werden, die Max zum jeweiligen Zeitpunkt gegenüber den Kindern zum Ausdruck bringen kann. Der Begriff »Baby« ist keine Abwertung von Max' Fähigkeiten, sondern eine legitime Möglichkeit, sein Verhalten einzuordnen. Die Kinder spüren zugleich sehr genau, inwieweit Max kein Baby ist.
Diana sagt, Max könne »gleich sprechen« (Szene 7) oder Clara, Max würde so viel schreien, weil er »krank« sei (Szene 5). Anna glaubt, Max hätte ein »Aua« am Auge (Szene 8) und Bettina beschwert sich, er würde sie hauen (Szene 6).

- **Die von uns Erwachsenen definierten »Defizite« begreifen die Kinder als Besonderheit, die manchmal sogar zur besonderen Fähigkeit wird**: Max kann z. B. durch seine eingeschränkte Bewegungsfähigkeit Geborgenheit und Sicherheit geben, wo andere Kinder längst weggerannt wären. Großzügig nimmt er Zärtlichkeiten entgegen, und die Kinder können sich sicher sein, dass er bei ihnen bleibt, solange sie es wünschen. Max ist gegenüber den Kindern ein sehr toleranter und geduldiger Spielpartner – auch dies wissen die Kinder zu schätzen, zugleich lernen sie selbst, tolerant und geduldig zu sein.
Robert genießt es, Max ganz in Ruhe ein Stückchen Banane zu geben. Einerseits erlebt er sich als Helfender, andererseits kann er sich von Max akzeptiert und verstanden fühlen (Szene 12).
Ferdinand steht lange an Max' Wagen, eventuell fühlt er sich diesem Jungen verbundener als es den Anschein hat, denn auch Ferdinand hat Probleme, mit anderen Kindern in längeren Kontakt zu treten (Szene 17).
Kevin kann mit seinem Steckspiel gegenüber Max »Kontakte knüpfen« üben, ohne befürchten zu müssen, dass sein Gegenüber Anforderungen an ihn stellt, die er nicht erfüllen kann (Szene 24).

- **Die Kinder sind in der Lage, an Max' Fähigkeiten anzuknüpfen und auf diese Weise mit ihm auf einer Ebene zu interagieren.** Sie

erkennen Max in seinem Sosein und stellen sich in manchen Szenen ohne
jegliche Probleme auf ihren Interaktionspartner ein.
Als hervorragende Fähigkeiten erkennen sie sein Lächeln bzw. Lachen,
seine Ja-Nein-Reaktionen und seine teilweise gezielten Armbewegungen. Darüber hinaus entdecken sie Max' Körper als »Kommunikations-
partner«: Seine zarte Haut, seine niedlichen Hände, sein glattes Haar.
Die Kinder haben einige Spiele entdeckt (teilweise mit Hilfe/durch Vormachen einer Erzieherin), die sie allein mit Max spielen können.
*Anna hat auf für sie wunderbare Weise entdeckt, dass Max ihr durchs
Haar streichen kann und dass sie dies genießen kann. Gleichzeitig gibt
sie ihm zu verstehen, dass sie ihn nicht benutzen will: Sie sagt »Ich bin
das, Max«, erkennt also, dass auch Max fühlen kann, wenn er über ihren
Kopf streicht (Szene 32).*
*Beim Turmbauen oder auch beim Gib-mir-drei-Spielen zeigen die Kin-
der große Geduld und Akzeptanz gegenüber Max' Langsamkeit (Szenen
31, 33 und 37).*

• **Abgrenzung als ein Bestandteil von Interaktion ist den Kindern
ohne weiteres möglich, da sie (noch) keine Verpflichtung fühlen, Max
immer mitzunehmen/ einzubeziehen.** Sie äußern offen, wenn er sie stört
und nutzen damit die Chance, sein Anderssein zwanglos zu verarbeiten.
Die von GOFFMAN beschriebene »Arbeit der sorgsamen Nichtbeachtung«
der Behinderung, die wir Erwachsenen so oft leisten, ist bei den Kindern
nicht anzutreffen. Positiv wirkt sich hierbei aus, dass die Erzieherinnen
Ablehnung gegenüber Max nicht mit erhobenem Zeigefinger, sondern
mit behutsamer Zurückhaltung begegnen. (Zum Teil wird eine situati-
onsgebundene Ablehnung akzeptiert, in anderen Momenten machten die
Erzieherinnen Vorschläge an beide Seiten, um die Situation zu lösen).
*Anton zeigt deutlich, dass er Max' Sabbern nicht mag und ist sehr darauf
bedacht, dass Max nicht sein Kissen »vollspuckt« (Szene 28).*
*Anna schimpft, als Max mit seiner Faust ihr Buch zerknautscht (Szene
27).*
*Die Kinder der Gruppe spielen wild um Max herum, ohne ihn zu bemer-
ken oder ohne ein »schlechtes Gewissen« zu haben, dass sie ihn nicht
einbeziehen (wobei Max eventuell mit seiner Rolle als Zuschauer zufrieden ist!) (Szene 2).*
*Diana reagiert zwar »höflich« auf meine Aufforderung, Max mit in ihren
Katalog gucken zu lassen, aber sie will ihn sich letztendlich allein angucken und tröstet Max mit einem Kuscheltier, mit dem er aber so gar nichts
anfangen kann. Diana fällt dies nicht auf, sie ist ganz ins Angucken vertieft (Szene 26).*

• **Imitation bzw. Ausprobieren als Möglichkeit der Verarbeitung
konnte ich in der Gruppe selten beobachten.** Ich will jedoch darauf

hinweisen, dass ich im Gegensatz dazu in der Gruppe der Vorschulkinder diese Form der Verarbeitung bei zufälligen Beobachtungen häufig bemerkt habe (Imitieren von typischen Handbewegungen und typischen Lauten eines autistischen Kindes). Eventuell ist Imitieren unverständlicher Handlungsweisen eher für ältere Kindergartenkinder typisch.

Lediglich Max' Stühlchen ist beliebtes Spielobjekt, wobei zu bezweifeln ist, ob durch das Spiel mit dem Stühlchen unterbewusst tatsächlich eine Auseinandersetzung mit Max' Eingeschränktsein stattfindet (Szene 9). Nur einmal beobachtete ich Clara und Sabine bei einem Imitationsspiel. Clara spielte die Rolle von Max. Dass sie ihr Spiel in dem Moment, da ich sie »entdeckte«, unterbrachen, liegt vielleicht darin, dass sie unbewusst sehr wohl meine Beobachtungsintention spürten: Meine Blicke waren nicht wirklich zufällig (Szene 10).

• **Im Gesamt-Gruppengeschehen findet Max' Individualität, die in kleinen Zweier- oder Dreierbeziehungen durchaus beachtet wird, eher wenig Berücksichtigung.** Die Kinder sind bei größeren Rollenspielen, an denen mehr als drei Kinder beteiligt sind, noch nicht in der Lage, Max kreativ in ihre Überlegungen einzubeziehen. Problematisch ist natürlich, dass er selbst wenig einbringen kann, um zum attraktiven Spielpartner bei Gruppenspielen zu werden. Die Erzieherinnen fordern die Kinder manchmal zur Einbeziehung von Max auf. Schwierig dabei ist, dass sie einerseits integrative Spielprozesse unterstützen wollen, andererseits in Gefahr geraten, von den Kindern sozial erwünschtes Verhalten »abzurufen«, ohne dass den Kindern eine wirkliche Auseinandersetzung mit ihren ambivalenten Gefühlen gegenüber Max möglich ist.

Als eine Erzieherin die Kinder bittet, Max mit zum Spielen ins Nachbarzimmer zu nehmen, kommen sie dieser Aufforderung zwar nach, beziehen ihn aber weiterhin nicht in ihr Spiel ein (Szene 3).

Eine behutsame Anleitung durch die Erzieherinnen, bei der sie den Kindern helfen, ihre Position gegenüber Max zu finden, wird in einem längeren Prozess sicherlich dazu beitragen, dass es für die Kinder selbstverständlich oder sogar notwendig wird, Max in das Gruppengeschehen einzubeziehen.

Insgesamt sind die Interaktionen zwischen Max und den Kindern Ausdruck des Entwicklungsstandes aller Kinder: Ausdruck der derzeitigen Fähigkeit von Max, seine Wünsche und Forderungen einzubringen und Ausdruck des derzeitigen Vermögens der Kinder, den Anderen als Wesen mit eigenen Bedürfnissen wahrzunehmen. Es gibt äußerst progressive Momente, in denen das Verhältnis der Kinder gegenüber Max im positiven Sinne dynamisch ist und Potenziale für zukünftige Entwicklungen erkennen lässt. Im Sinne von KLEIN/KREIE/KRON/REISER wurde in verschiedenen Momenten deutlich, dass der Erzieherinnenpersönlichkeit dabei eine nicht unwesentliche Rolle zukommt. Ihre Rolle wird in der Konzeption der Einrichtung folgendermaßen umschrieben:

>*Wir machen die Kinder aktiv mit ihrer Umgebung vertraut.
Wir sind passiv, wenn die Kinder sich in ihrer Umgebung zu-
rechtfinden und Beziehungen entwickelt haben. Die Erzieherin ist Helfer, Beobachter und Mittler.*«

Autonomie, Kompetenz, Solidarität

• **Die Kinder in der beobachteten Gruppe haben die Möglichkeit,
sich innerhalb eines eher fremdbestimmten Rahmens (Tagesablauf,
Einbindung des Kindergartens in sein Umfeld, pädagogische Konzeption usw.) autonom zu bewegen. Sie entscheiden in vielen Momenten selbst darüber, wann sie mit wem was tun. Nur wenige Szenen gaben jedoch den Eindruck, dass Max selbstbestimmt entscheidet bzw. entscheiden kann, was er möchte:**
– Seinem einzigen Mittel zur Erlangung von Aufmerksamkeit – Rufen
  und Schreien – wird nicht immer Gehör geschenkt. Teilweise fühlen
  sich die Erzieherinnen von ihm überfordert, teilweise können die Kinder nicht erreichen, dass Max aufhört zu schreien und wenden sich
  wieder ab.
  *Diana schafft es nicht, Max' Schreien zu beenden – sie kann nicht
  herausfinden, was er wünscht, und Max kann es ihr nicht deutlich machen* (Szene 21).
– Die Fähigkeit von Max, auf Ja-Nein-Fragen entsprechend seinen Wünschen zu reagieren, wird nicht immer genutzt. Die Kinder legen ihm
  zum Teil ihre gewünschte Antwort »in den Mund«.
  Anette beantwortet für Max ihre eigene, an Max gerichtete Frage (Szene 22).
– Vorschläge und Wünsche von Max, die über das Ja-Nein-Spektrum oder
  Schreien hinausgehen, werden eher selten erkannt. Nur selten konnte
  das Aufgreifen von Max' Vorschlägen eindeutig beobachtet werden.
  *Diana merkt beim Spielen mit Max, dass er auf ihre Brille aufmerk-
  sam geworden ist, und geht darauf ein* (Szene 30).

Gerade die Sensibilität für solche wirklich eigenen Vorschläge und Wünsche von Max ist jedoch ein notwendiger Schritt zur Ermöglichung von
Autonomie für Max. Seinem häufigen und oft als lästig empfundenen
Schreien könnte eventuell ein solcher (nicht erkannter) Vorschlag voran-
gegangen sein. Zur Sensibilisierung für derartige eigene Vorschläge von
Max würden sich z. B. zeitweise Videoaufnahmen und deren Auswertung sowie gezielte Gespräche über bestimmte Verhaltensweisen/ Äuße-

rungen von Max anbieten. Neugierde und Entdeckerdrang der Kinder wie der Erwachsenen können dabei helfen, immer neue autonome Äußerungen von Max »dingfest« zu machen.

Autonomie ist so eher als Ziel zu formulieren; die Kinder sind oft noch überfordert damit, Max in ihren und seinen Wünschen und Bedürfnissen als autonomen Partner zu erkennen. Dem Vorbild der Erzieherinnen im Umgang mit Max kommt so besondere Bedeutung zu. Ihr erklärtes Ziel muss es sein, Max mehr Autonomie zu ermöglichen.

Wichtig hierbei ist, eine Sensibilität dafür zu entwickeln, wo Max' Äußerungen Ansatzpunkte für die Förderung von Autonomie bieten. Martin HAHN nennt dies das »Prinzip Entscheidenlassen«, d. h. dass auch bei alltäglichen Verrichtungen wie Anziehen oder Essen Alternativen angeboten werden bzw. dem Kind eine eigene Auswahl ermöglicht wird (vgl. HAHN 1981, S. 296). Darüber hinaus kann es von großem Vorteil sein, Methoden der Kommunikationsanbahnung mit schwerstbehinderten Kindern zu nutzen. Verwiesen sei hier nur auf die vielfältigen Möglichkeiten der »Unterstützten Kommunikation«, mit deren Hilfe auch Kinder, die nicht reden und sich kaum bewegen können, eigenständig Wünsche äußern und Vorgänge beeinflussen können (vgl. BRAUN 1996, TETZCHNER 2000).

- **Die Kinder verfügen bereits über eine gewisse *Kompetenz* im Umgang mit Max.** Sie wissen z. B., dass Max nicht so schnell reagieren kann wie andere Kinder und können teilweise schon darauf eingehen. Seine Versuche, Wörter zu bilden, werden von den Kindern auch als solche gesehen. Wenn ich sie fragte, was dieser oder jener Laut zu bedeuten hatte, formten sie daraus ein Wort – oft durchaus im Sinne dessen, was Max wirklich gemeint haben könnte. *Anton ist sich z. B. sicher, dass Max die Figuren in einem Bilderbuch richtig erkennen und benennen kann und hilft ihm bei der Aussprache* (Szene 29). Mehrere Kinder wissen bereits, was »Ja« und »Nein« bedeutet, was eine genaue vorherige Beobachtung voraussetzt. *In einem Gespräch darüber können sie auch ganz genau nachahmen, wie Max »Ja« und »Nein« sagt* (Szene 4, Gespräch mit Anette). Sie können benennen, was Max kann und was nicht. Mehrere Kinder können Max sehr geschickt Getränke oder Essen geben und wissen, wie man ihm etwas in die Hand gibt. Max wird insofern als kompetenter Partner akzeptiert, als dass von ihm seitens der Kinder keine Fähigkeiten erwartet werden, die er nicht besitzt. Das Erkennen und Einbeziehen seiner vorhandenen Fähigkeiten und Kompetenzen ist ein Prozess, der eng mit dem Wirken der Erzieherinnen verbunden ist, die als Fach-Frauen in der Lage sein müssen, solche Kompetenzen »ans Licht« zu holen, die von den Kindern nicht ohne weiteres erkannt werden können.

• **Das Miteinander-Leben der Gruppe und ihrer Erzieherinnen, ihr gemeinsamer Alltag im Kindergarten hinterlassen grundsätzlich den Eindruck eines solidarischen Umgangs untereinander.** Es kann nicht darum gehen, von den Kindern solidarisches Verhalten als sozial erwünschtes Verhalten abzuverlangen. Viel mehr lernen die Kinder durch den Umgang mit Max, dass Rücksichtnahme und Mitgefühl logische Bestandteile einer Beziehung zu Max sind, ohne die ein beide Seiten befriedigender Kontakt nicht zu Stande kommen kann.

Obwohl zumindest Jacob selbst kaum noch Interesse an Turmbau-Spielen hat, macht es ihm Freude, das Spiel mit Max trotzdem zu spielen. Wichtiger als die Tätigkeit ist ihm das freudvolle Zusammensein mit Max (Szene 33).

Wie bereits an anderer Stelle erwähnt, gibt es jedoch insgesamt eine große Zahl von Situationen, in denen Max' Bedürfnisse sehr wenig oder gar keine Beachtung finden.

Solidarität als Fähigkeit, gegenseitig Hilfe zu leisten und Verantwortung zu übernehmen, muss von den Erzieherinnen unterstützt werden. Die grundsätzliche Bereitschaft der Kinder, rücksichtsvoll und verantwortungsbewusst zu handeln, kommt m. E. erst durch pädagogisches Wirken der Erzieherinnen zur Entfaltung.

Anette und Sabine beziehen zwar Max in ihr Mutter-Vater-Kind-Spiel ein, indem sie ihn mit an den Tisch setzen, können jedoch diese von ihnen geschaffene Dreierbeziehung nicht für das Spiel nutzen. Eventuell könnte hier ein Vorschlag der Erzieherin das gemeinsame Spiel mit Max unterstützen bzw. fördern (Szene 1).

Diana ist bereit, Max in ihren Katalog gucken zu lassen, aber sie ist damit überfordert, dies wirklich in die Tat umzusetzen – Max bleibt so isoliert (Szene 26).

Das Bewusstmachen der Verantwortung, die auch die Kinder gegenüber einem Menschen haben, der von ihnen abhängig ist, muss mit Mitteln geschehen, die den Entwicklungsstand der Kinder berücksichtigen. So ist es nahe liegend, statt kognitiven Anforderungen wie Erklärungen und Bitten einen eher emotionalen Zugang zu finden, bei dem sich die Kinder in die Situation des beeinträchtigten Kindes hinein**fühlen** und die Abhängigkeit des Kindes »tätig erleben« können (vgl. HAHN 1981, S. 299).

Zum Begriff der Behinderung innerhalb des Systems Kindergarten

»Der/die könnte eigentlich auch einen Paragraphen haben.«
Diesen Satz hörte ich schon mehrmals im Kindergarten. Gemeint ist:
Warum bekommt dieses Kind, das in meinen Augen auch speziellen Förderbedarf hat, keine Unterstützung? Und jenes, das Pflegegeld erhält, wird es überhaupt adäquat gepflegt?
Die Zuordnung zum §39 BSHG und die z. T. damit verbundene Bewilligung einer Pflegestufe laut Pflegeversicherung lässt innerhalb des Systems Kindergarten viele Fragen offen:

- ☐ Die Bewilligung einer Pflegestufe hängt manchmal nicht so sehr von der Pflegebedürftigkeit eines Kindes, sondern eher vom Engagement der Eltern ab.

- ☐ Die Bewilligung einer zusätzlichen Erzieherin hängt auch davon ab, wie hilflos und betreuungsaufwändig das entsprechende Kind dargestellt wird.

- ☐ Kinder aus schwierigen Elternhäusern hätten nach Meinung der Erzieherinnen z. T. genauso einen Anspruch auf zusätzliche Zuwendung – außerhalb der gängigen Zuordnung zum §39 BSHG ist es jedoch wesentlich schwieriger, Hilfen zu rechtfertigen.

- ☐ Kinder, deren Eltern Pflegegeld erhalten, kommen ungepflegt in den Kindergarten oder erhalten nicht die Therapien, die ihnen zustehen würden. Die Möglichkeiten der Erzieherinnen, hier einzugreifen, sind beschränkt. Eine psychologische Betreuung von Eltern kann im Rahmen des Kindergartens nicht geleistet werden.

Über die gesetzlichen Modalitäten hinaus hat der Begriff der Behinderung im Kindergartenalltag wenig Relevanz. Gegenüber den Kindern wird nie ein Kind als »behindert« bezeichnet, sondern in seinen Besonderheiten erklärt.
Die Erzieherinnen versuchen, auf die individuellen Bedürfnisse aller Kinder einzugehen – ein Wunsch, dessen Verwirklichung oft sehr schwer ist, da es auch unter den nicht behinderten Kindern »Problemkinder« gibt, die an die Erzieherinnen besondere Anforderungen stellen.
Der Begriff der »Behinderung« – so zeigte sich im Kindergarten – verliert abseits von seiner Zuordnungs-Funktion (die »Paragraphen-Kinder«) völlig an Bestimmungsschärfe und erweist sich als ungeeignet, innerhalb des Systems Kindergarten irgendeinen Zustand zu beschreiben. Jedes Kind – und auch jede Erzieherin – hat Stärken und Schwächen, Fähigkeiten und Schwierigkeiten. Jedes Kind benötigt individuelle Unterstützung für seine optimale Entwicklung – manche mehr, manche weniger. Für die Bereitstellung solcher (pädagogischer und therapeutischer) Unterstützung hilft die Information darüber, dass ein Kind behindert ist, nur bedingt.

5.7 Abschließende Bemerkungen

Insgesamt kann ich für den von mir beobachteten Kindergarten feststellen: Es finden tatsächlich integrative Prozesse statt. Es gibt vielseitige Kontakte zwischen Max und den anderen, aber auch zwischen anderen behinderten Kindern und der Gruppe. Die beobachteten Kontakte und Interaktionen sind gut vergleichbar mit Interaktionsszenen, wie sie in verschiedenen wissenschaftlichen Untersuchungen dargelegt werden (vgl. KRON 1988, DICHANS 1993, KLEIN u. a. 1987, ROTHMAYR 1989).

Ich spreche ausdrücklich von »integrativen Prozessen« und nicht von »Integration«, da meine Beobachtungen für den von mir untersuchten Kindergarten den Schluss zulassen, dass Kinder in so frühem Alter (ca. zwei bis ca. vier Jahre) keinesfalls »fertige« Vorstellungen oder Überzeugungen davon haben, was »Integration« überhaupt bedeutet oder wie sie auszusehen hat. Sie lernen täglich Neues hinzu und reifen an dem, was sie mit den »behinderten« Kindern erleben. Für sie sind Kinder mit Behinderungen Kinder, die so gleich und so unterschiedlich wie sie selbst sind und denen gegenüber sie kein »besonderes« Verhalten zeigen müssen. Integrative Prozesse nehmen hier ihren Anfang – nicht in pädagogischen Bemühungen der Erzieherinnen.

Die Erzieherinnen befinden sich – auch nach eigenen Aussagen – ebenfalls in einem Lernprozess. Einerseits stellt jedes neue behinderte Kind in der Gruppe neue Anforderungen, andererseits fordert das tägliche Zusammensein mit Kindern, die anders sind, ein Überdenken eigener Vorstellungen und Überzeugungen. Die Fähigkeit der Kinder, weitestgehend unbefangen mit behinderten Kindern umzugehen, erlaubt nicht die Schlussfolgerung, dass Integration »von ganz allein« stattfindet. »Natürliche« integrative Prozesse sollten Basis und Ausgangspunkt integrationspädagogischer Bemühungen sein. M. E. kann die natürliche Fähigkeit der Kinder zur Offenheit gegenüber Anderssein durchaus verkümmern oder nicht zur Entfaltung gelangen, wenn Kontakte zwischen behinderten und nicht behinderten Kindern nicht die nötige Begleitung durch Erwachsene erhalten. Wichtig ist es, dass Situationen, in denen die Kinder nicht auf Max eingehen, nicht als Versagen der Kinder, sondern als Ausdruck ihrer aktuellen Fähigkeiten und ihres Wissens, aber auch ihrer emotionalen Befindlichkeit begriffen werden. Es soll nicht sozial erwünschtes Verhalten eingeübt bzw. abverlangt werden, sondern viel mehr solidarisches Miteinander als logischer Bestandteil des Umgangs untereinander begriffen werden.

Die Devise MONTESSORIS »Hilf mir, es selbst zu tun!« kann auch Grundsatz bei der Förderung von Kontakten zwischen Max und seiner Gruppe bzw. zwischen allen Kindern der Gruppe sein. Max genießt die Sympathie der Gruppe; das Erlernen des Umgangs mit ihm bedarf keiner Autoritätsperson, sondern eines erfahrenen Menschen, der die grundsätzliche

Fähigkeit der Kinder, mit Max umzugehen, helfend unterstützt. Welchen Inhalt Hilfen durch die Erzieherinnen haben könnten, kann von ihnen unter anderem durch gezielte Beobachtungen ermittelt werden – ich hoffe, mit den hier dargestellten Beobachtungen Anregungen zur zukünftigen Förderung von Kontakten zwischen allen Kindern geben zu können.

5.8 Offene Fragen/Ausblicke

Eine Reflexion über Beobachtungen in einem Integrationskindergarten kann nicht alle Fragen klären, die sich den verschiedenen Beteiligten im Bereich integrativer Arbeit zu unterschiedlichsten Anlässen stellen. Es bleibt zu wünschen, dass neue Fragen zu neuen Aktivitäten führen und so die tägliche Arbeit bereichern können.

Ich möchte hier nun noch einige Fragestellungen aufgreifen, die für weitere Beobachtungen wichtig und interessant erscheinen und verweise zugleich auf entsprechende Kapitel im vorliegenden Buch (z. B. zur Altersmischung).

1. Die Frage nach **geschlechtsspezifischen Unterschieden** im Umgang mit behinderten Kindern. Auffällig war, dass einige Mädchen mit großer Selbstverständlichkeit Interesse für die Versorgungsbedürfnisse des behinderten Jungen zeigten oder ihn in ihre Spiele einbezogen. Die Jungen verhielten sich oft eher abwartend.

2. Die Frage nach den konkreten Auswirkungen der **Einrichtungskonzeption** auf integrative Prozesse. Ich konnte beobachten, dass es den Kindern über die Montessori-Materialien, aber auch über andere Sinnesmaterialien (Tücher, Kastanien usw.) eher gelingt, auf einer Ebene mit dem schwerstbehinderten Kind Kontakt aufzunehmen im Sinne: Schau her, ich fühle dasselbe wie du! Voraussetzung ist der von den Erzieherinnen praktizierte offene Umgang mit den Montessori-Prinzipien, wie z. B. die Hinzufügung spezifischer, der jeweiligen Beeinträchtigung entsprechender Materialien.

3. Die Frage nach **altersspezifischen Unterschieden** im Umgang zwischen behinderten und nichtbehinderten Kindern. In der von mir beobachteten Gruppe findet Altersmischung nur in begrenztem Rahmen statt. Ich konnte jedoch beobachten, dass ältere Kinder – sofern sich ihnen dazu Gelegenheit bot – im Umgang mit einem schwerstbehinderten Kind geschickter und flexibler sind, und dass darüber hinaus jüngere Kinder sich spontan am Verhalten der älteren orientieren und so teilweise zu »erfolgreicheren« Resultaten bei der Kontaktaufnahme gelangen. Altersmischung wird in verschiedenen Integrationsprojekten als selbstverständlich angesehen und entspricht auch den Ideen der Montessori-Pädagogik.

4. Die Frage nach Interaktionsprozessen **zwischen behinderten Kindern**. Weitestgehend in den Hintergrund stellte ich die Tatsache, dass es in

der Gruppe auch noch andere behinderte Kinder gibt. Aus meinem Beobachtungsblickwinkel heraus kann ich feststellen, dass es im Umgang mit einem schwerstbehinderten Kind prinzipiell keinen gravierenden Unterschied zwischen (leichter) behinderten und nicht behinderten Kindern gibt. Jedes Kind findet seinen individuellen Zugang. Es konnte allerdings nicht näher untersucht werden, inwiefern andere behinderte Kinder durch den Umgang mit einem deutlich schwerer behinderten Kind in ihrer eigenen sozialen und kognitiven Entwicklung gefördert (oder gehemmt) werden.

6. Hinweise zur Aus- und Weiterbildung von »Integrationspädagoginnen«

Welche Erzieherinnen dürfen im Kindergarten gemeinsame Gruppen von Kindern mit und ohne Behinderung anbieten? Gibt es Qualifikationsvoraussetzungen? Wie kann man sich dafür qualifizieren? Am Anfang jeglicher integrationspädagogischer Bemühungen steht in jedem Fall nicht ein bestimmter Abschluss oder eine bestimmte Qualifizierung, sondern die persönliche Bereitschaft, sich auf Neues, bisher nicht Gewohntes einzulassen. Darüber hinaus besteht natürlich meist der Wunsch, sich für die Arbeit in Gruppen mit Kindern mit verschiedenen Bedürfnissen bzw. für die integrationspädagogische Arbeit speziell zu qualifizieren. Es gibt verschiedene Meinungen, ob und in welchem Umfang dies zu geschehen habe; wichtig erscheint uns der Hinweis darauf, dass jede pädagogische Aus- und Weiterbildung die integrative Situation im weitesten Sinne (»jedes Kind ist anders«) als gegebene Alltagssituation voraussetzen sollte.

Für die Betreuung einer integrativen Kindergartengruppe wird derzeit (noch) kein besonderer Abschluss vorausgesetzt. In der Praxis ist es jedoch gängig, eine Weiterbildung (z. B. zur Stützerzieherin) zu absolvieren; auch Heilerziehungspflegerinnen und Heilpädagoginnen werden zunehmend in integrativen Gruppen eingesetzt.

Besondere Lehrgänge zur Stützerzieherin (eine Erzieherin, welche die Arbeit der Erzieherin in einer Integrationsgruppe insofern unterstützt, als dass sie speziell für die Betreuung der Kinder mit einer Behinderung zuständig ist) werden von verschiedenen Trägern angeboten; als Beispiel sei hier die Sozialpädagogische Fortbildungsstätte des Landes Berlin (Haus am Rupenhorn) erwähnt. Ein Teil- bzw. Vollzeitstudium zur Heilpädagogin oder Heilerziehungspflegerin kann man u. a. an der Staatlichen Fachschule für Heilpädagogik/Heilerziehungspflege Berlin-Pankow absolvieren.

Ein besonderes Beispiel für die Berücksichtigung integrationspädagogischer Inhalte schon während der Erst-Ausbildung bildet ein Projekt an der 1. Staatlichen Fachschule für Sozialpädagogik Berlin-Charlottenburg, das nun näher erläutert werden soll.

6.1 Integrationspädagogik in der Ausbildung zur Erzieherin, zum Erzieher (Ute Düring-Gude)

Seit August 1999 gibt es an der 1. Staatlichen Fachschule für Sozialpädagogik Berlin-Charlottenburg *pro* Schuljahr zwei Fachschulklassen mit dem Schwerpunkt Integrationspädagogik, die wir LENA nennen. LENA steht für: **L**asst uns **e**twas **N**eues **a**usprobieren. Der Name ist eine Aufforderung zum Handeln. Handeln wollen wir im Bereich der Integrationspädagogik und wir finden, dass dies schon lange überfällig war.

Die Idee
In Berlin existieren seit mehr als 25 Jahren Erfahrungen mit der gemeinsamen Erziehung von Kindern mit und ohne Beeinträchtigung in der Kindertagesstätte. Die Notwendigkeit und Wichtigkeit dieses Arbeitsansatzes ist bereits erkannt und findet seinen Ausdruck im § 5 des Berliner Kindertagesstättenbetreuungsgesetzes vom November 1998, in dem es heißt:
»Kein Kind darf aufgrund der Art und Schwere seiner Behinderung oder eines besonderen Förderbedarfs die Aufnahme in eine Kindertagesstätte verwehrt werden. Kinder mit Behinderung werden in der Regel gemeinsam mit anderen Kindern in integrativ arbeitenden Gruppen gefördert. Soweit besondere Gruppen für Kinder mit Behinderungen erforderlich sind und ihre Eltern eine solche Betreuung wünschen, sind diese nach Möglichkeit in allgemeinen Kindergärten einzurichten.«
Dieser Passus im Gesetz bestimmt ausdrücklich, dass die gemeinsame Erziehung behinderter und nichtbehinderter Kinder die Regel und die Trennung in besonderen Gruppen die Ausnahme ist.
Die Idee, die Selbstverständlichkeit der gemeinsamen Erziehung von Kindern mit und ohne Beeinträchtigung in Tätigkeitsbereichen und Handlungssituationen von Erzieherinnen und Erziehern als handlungsund erkenntnisleitende Grundvoraussetzung anzunehmen und dies in Klassen mit der »Schwerpunktbildung« *Integrationspädagogik* konkret werden zu lassen, hat für mich persönlich mehrere Ausgangspunkte. Entscheidend waren aber die Begegnungen mit Menschen in der Praxis, die tagtäglich pädagogische Arbeit mit Menschen mit Beeinträchtigungen leisten. Besondere Anregung erhielt ich in einer Fortbildung die Frau Schastok leitete, Kita-Leiterin in Berlin-Spandau. Durch ihren, mit persönlichem Engagement vorgetragenen und gelebten Arbeitsansatz der gemeinsamen Erziehung von Kindern mit und ohne Beeinträchtigung, den sie uns an eindrücklichen Beispielen verdeutlichte, an denen sie die Möglichkeiten und Schwierigkeiten aufzeigte und hierbei besonders die gesellschaftliche Relevanz des akzeptierenden Miteinanders als humanen, gesellschaftlichen Auftrag klar hervorhob. Dies wurde zur Initialzündung meiner künftigen Schwerpunktsetzung.

Für die Ausbildung zur Erzieherin/zum Erzieher, die sich bewegt zwischen Entwicklung der Persönlichkeit der Studierenden und ihrer Orientierung im Berufsfeld, ergeben sich vielfältige Auswirkungen. Einerseits ist die »Schwerpunktbildung« in diesem Bereich nichts anderes als die Herausbildung oder die erneute, aber vielleicht verstärkte Betonung professioneller Qualitäten, die eine Erzieherin oder ein Erzieher erwerben sollte, andererseits ergeben sich aber durchaus Vorrangstellungen für exemplarische Fähigkeiten und Fertigkeiten, die vermittelt werden müssen. Hierbei soll die Eigeninitiative der Studierenden in der Herausbildung der Ich-Kompetenz, der Sachkompetenz und der sozialen Kompetenz gestärkt und unterstützt werden.

Geübt werden kann dies nicht nur im schulischen themenzentrierten Arbeiten, sondern auch in Kooperation mit Praxisstellen, die in Hospitationsphasen erkundet werden. Hier sollen die Studierenden erste Fragestellungen entwickeln, deren Auswertung in den unterschiedlichen Lernbereichen und Themenfeldern differenziert werden kann.

Der Neubeginn
Da die Ausbildung zur Erzieherin/zum Erzieher 2003 völlig neu strukturiert wurde, mussten wir unser Konzept den neuen Bedingungen anpassen.

»Die Ausbildung soll – so die in der Ausbildungsordnung festgelegte Zielsetzung – die Studierenden befähigen, Erziehungs-, Bildungs- und Betreuungsaufgaben zu übernehmen und in allen sozialpädagogischen Arbeitsfeldern als Erzieherin oder Erzieher selbstständig und eigenverantwortlich tätig zu sein.

Die Ausbildung soll, gestützt auf das didaktische Konzept der Handlungsorientierung, berufliche Handlungskompetenz vermitteln. Berufliche Handlungskompetenz ist zu verstehen als Verknüpfung von Fach-, Methoden- und Personal- bzw. Sozialkompetenz und damit als Befähigung der Studierenden zu selbstständigem Planen, Durchführen und Beurteilen beruflicher Aufgaben. Insbesondere die Umsetzung des Konzepts der Handlungsorientierung soll zu einer nachhaltigen Verbesserung der Ausbildungsqualität führen.

Die Aufgaben einer Erzieherin oder eines Erziehers werden in der Ausbildungsordnung durch den ausdrücklichen Verweis auf den gesetzlichen Auftrag des Kinder- und Jugendhilferechts (§ I SGB VIII) bestimmt.«
(Auszüge aus einer Informationsbroschüre unserer Schule)

Unsere anfängliche Sorge, dass die Schwerpunktbildung »Integrationspädagogik« nicht weiter geführt werden könnte, war unbegründet. Die Ausrichtung auf die Integrationspädagogik als Konsequenz aus den Forderungen der Kolleginnen und Kollegen aus der Praxis und die Erkenntnis, dass die Arbeit mit Menschen mit Beeinträchtigung nicht mehr das

Besondere, sondern der Normalfall ist, musste zwar neu überdacht werden, konnte aber in der Realität in größerem Rahmen fortgesetzt werden. Das Lernen in Themenfeldern beinhaltet, dass Lernsituationen konstruiert werden, die sich an den Tätigkeiten der Erzieherin, des Erziehers orientieren und die Kompetenzen, die hierfür gebraucht werden, in Lernziele fasst. Hierdurch können wir bei deren Konstruktion die Integrationspädagogik immer wieder einbringen.

Die Folgerungen
- Die **Ausbildung zur Erzieherin** ist eine Breitbandausbildung, die in ihrem schulischen Ausbildungsteil **Grundlagenwissen** vermitteln will.
- Basis für die »Profilklasse« Integrationspädagogik sind die jeweiligen Rahmenpläne der einzelnen Lernbereiche.
- Integrationspädagogik bündelt das bisher vorhandene Spezialwissen von Lehrerinnen und Lehrern.
- Ziel ist, an möglichst vielen, besonders aber an den berufsfeldorientierten Themen die Fragen nach der Berücksichtigung der beeinträchtigten Menschen, bzw. die Förderung der Gemeinsamkeit zu bedenken.
- **Integrationspädagogik soll als Vertiefungswissen verstanden werden, welches sich als roter Faden durch die dreijährige Ausbildung zieht.**

Die beteiligten Kolleginnen und Kollegen verstehen sich als Team, das längerfristig zusammenarbeiten will. Die Zusammenarbeit soll aber auch mit den Kolleginnen aus den beteiligten Praxisstellen weitergeführt und vertieft werden, damit die theoretische und die praktische Ausbildung besser aufeinander abgestimmt werden kann.
Die Fachschülerinnen und Fachschüler entscheiden sich zu Beginn der Ausbildung für diese Schwerpunktbildung. Folgenden Text bekommen sie als Motivationshilfe für ihre Wahl:

Integrationspädagogik in der Fachschulausbildung
Integration bedeutet die gemeinsame pädagogische Arbeit mit Kindern, Jugendlichen und Erwachsenen mit und ohne Behinderung, das gemeinsame Erleben des Alitags, das Akzeptieren jeweiliger Stärken und Schwächen, die gegenseitige Hilfe und das Lernen voneinander. Wichtige Aspekte dieses Arbeitsansatzes sind die konkreten Hilfsangebote mit differenzierten, aufeinander abgestimmten Förderungsmaßnahmen durch Fachleute für die Betroffenen in Zusammenarbeit mit den Erzieherinnen und Erziehern, sowie die Unterstützung und Integration der Eltern.

Die gesellschaftliche Dimension liegt in der Hoffnung, dass durch das Erleben der Vielfältigkeit des Menschseins, durch die Wertevermittlung von Akzeptanz und Toleranz des Andersseins, der Neubewertung des Leistungsbegriffs Ausgrenzung entgegengewirkt wird.

In Berlin existieren seit mehr als 25 Jahren Erfahrungen mit der gemeinsamen Erziehung von Kindern mit und ohne Beeinträchtigung in der Kindertagesstätte. Die Notwendigkeit und Wichtigkeit dieses Arbeitsansatzes ist bereits erkannt und findet seinen Ausdruck im § 5 des Berliner Kindertagesstättenbetreuungsgesetzes.

Von der gemeinsamen Kinderarbeit gingen Impulse auch für die gemeinsame schulische Förderung der Kinder aus. Inzwischen werden 50% aller Schulanfänger mit einem zu diesem Zettpunkt erkennbaren Förderbedarf in allgemeine Grundschulen eingeschult.

Auch die Integration in die Jugendarbeit und den beruflichen Alltag wird immer mehr vorangetrieben.

Im Rahmen der Ausbildung zur Erzieherin/zum Erzieher bekommen Sie ein besonderes Angebot gemacht, dass Sie einerseits auf allgemeine sozialpädagogische Berufsfelder hin qualifiziert, andererseits Ihnen spezifische Kenntnisse vermittelt, um Ihnen die Orientierung in den Arbeitsfeldern, die integrativ arbeiten zu ermöglichen.

Im 1. Semester machen sie eine mindestens einwöchige Hospitation in Integrationskindertagesstätten, mit denen wir zusammenarbeiten. Im 3. und 4. Semester sind Erkundungen in Berufsfeldern der Jugendarbeit und in betreuten Wohnformen eingeplant.

Wir freuen uns auf die Arbeit mit Ihnen!

Die Bausteine

Als tragende Themen für den »Roten Faden« Integrationspädagogik haben sich bisher folgende thematische Ausrichtungen ergeben, die in die jeweiligen Themenfelder »eingebaut« werden:
- Verständnis von Integration/Anspruch und Zielsetzung
- Behinderungen und Kritik am Behinderungsbegriff
- Exemplarische Auseinandersetzung mit einzelnen ausgewählten Behinderungen
- Rechtliche Grundlagen zur Integration im Vorschulbereich
- Übungen zur Kind-Umfeld-Analyse
- Beobachtung und Wahrnehmung, hier auch Übungen zum Erkennen von Risikoverläufen
- Die Sicht auf das Kind: ressourcenorientiert
- verbale und nonverbale Ausdrucksformen von Kindern
- Elternarbeit, hier insbesondere Verarbeitungsprozesse von Eltern:
- Besonderer Familienalltag bei Kindern mit Beeinträchtigung

- Teamfähigkeit und Kooperation:
- Kooperation von Erzieherinnen und Therapeutinnen
- Integrative Didaktik/Didaktische Ansätze im Elementarbereich: Situationsansatz, u.a.
- Montessori-Pädagogik. u.a.
- Psychomotorik
- Rhythmik
- Ökosystemischer Ansatz/Vorschulische Integration: Integrative Prozesse, Erfahrungen, Probleme
- Schulische Integration/Übergang vom Elementar- in den Primärbereich.

Als besonderer Baustein ist die Vermittlung von Kenntnissen aus der Psychomotorik anzusehen. Diese Kenntnisse werden nicht nur theoretisch erarbeitet, sondern werden mit kooperierenden Kindertagesstätten praktisch mit Kindergruppen über einen längeren Zeitraum durchgeführt. Durch die Überprüfung mit Videoaufnahmen kann dann reflektiert werden wie und wodurch die Studierenden ihre Arbeit mit den Kindergruppen verbessern können.

Dies ist auch ein Beispiel für die weitgehende **Öffnung der Ausbildung nach innen und außen.** Nach innen bedeutet dies, dass Unterrichtsthemen sich am »Roten Faden Integration« orientieren: Unterrichtsvorhaben werden thematisch aufeinander abgestimmt. Im Mittelpunkt stehen die Fragen: Welche Kenntnisse werden für die praktische Arbeit gebraucht? Welche Einstellungen, welche Haltung muss erworben werden? Wo können wir uns Informationen, Unterstützung und Hilfe holen? Wo ist es sinnvoll, besondere Inhalte bestimmten Themenfeldern zuzuordnen? Hauptanliegen der Aufgabenstellung für eine, schon in den ersten drei Monaten gelegte Hospitation ist, anhand von Selbstbeobachtung und der Protokollierung von Tagesabläufen, das Bemerken von Besonderheiten der jeweiligen Tage, Beachtung der eigenen Reaktionsformen in immer wiederkehrenden Situationen, in neuen Situationen auch im Zusammentreffen mit einzelnen Kindern, Kindern mit Beeinträchtigungen und der gesamten Gruppe, aber auch im Zusammenspiel mit der Anleiterin **ein Gefühl für integratives Arbeiten zu entwickeln und damit auch die Scheu und die Unsicherheit dieser Arbeitsform gegenüber zu verlieren.**

Dies kann nur in enger Zusammenarbeit mit den jeweiligen Anleiterinnen gelingen, die sich für die Gespräche mit den Hospitantinnen Zeit nehmen, weil sie besonderes Interesse am Lernzuwachs der Studierenden haben. Die Öffnung nach außen wird durch die Treffen mit den jeweiligen Anleiterinnen aus den beteiligten Praxisstellen gefestigt. Es hat sich herausgestellt, dass es doch erhebliche Vorbehalte auf beiden Seiten abzubauen gilt, weil der Informationsstand über die Möglichkeiten und Schwierigkeiten praktischer und theoretischer Ausbildung ungleich ist. Hier gilt es weiterhin die Verzahnung zu intensivieren.

Der Ausblick

Nach 6 Jahren Schwerpunktbildung mit unterschiedlicher Ausbildungsstruktur lassen sich trotzdem Gemeinsamkeiten finden:

- **Die Studierenden,** die diesen Schwerpunkt wählen, haben sich überwiegend bewusst mit ihrer zukünftigen Tätigkeit als Erzieherin, als Erzieher auseinandergesetzt! Viele von ihnen haben schon Erfahrungen mit beeinträchtigten Menschen gemacht, sei es im familiären Umfeld, oder in Form von Praktika, im Freiwilligen Sozialen Jahr oder im Zivildienst. Viele haben einen hohen schulischen Abschluss, oder eine berufliche Ausbildung. Die Nachfrage nach diesem Schwerpunkt ist groß. Die Fluktuation in den Klassen ist gering. Die Motivation der Studierenden, auch in diesem Bereich bleiben zu wollen, ist hoch. Einige der Absolventinnen haben die Möglichkeit genutzt, sich zur Integrationsfacherzieherin weiterzubilden.

- **Das Kolleginnenteam** ist in seiner Zusammensetzung seit den Anfängen gleich geblieben. Die Zusammenarbeit hat sich gefestigt und die Anwendung der Grundvoraussetzungen für Integration hat sich auch bei uns als hilfreich erwiesen. Handlungsleitend für die Bewältigung des schulischen Alltags ist: Das Akzeptieren der jeweiligen Stärken und Kompetenzen der einzelnen Teammitglieder. Dadurch lassen sich Stress und Frustrationen leichter untereinander ausgleichen. Ohne die gegenseitige Hilfe und Unterstützung und dem Lernen voneinander könnten wir die jetzige Neustrukturierungsphase der gesamten Ausbildung, die neben den sonstigen Unterrichtsverpflichtungen laufen muss, nicht bewältigen.

Wir können nach fast sechs Jahren LENA-Erfahrung sagen, dass wir selbst viel gelernt haben, auch darüber wie mühsam es ist Zusammenarbeit zu organisieren, bzw. Themen abzugeben, einen Lernprozess nicht mehr alleine von Anfang bis Ende zu beleiten, sondern nur noch Teilbereiche beizusteuern um »den Teppich« eines Themenfeldes zu knüpfen. Trotzdem sind wir uns einig, dass die inhaltliche Arbeit in der Schwerpunktbildung für die Beteiligten erfreulich verlaufen ist, so dass wir diesen Weg weiterverfolgen wollen.

Am erfreulichsten für mich war, mit welch großem Wohlwollen und Unterstützungsbereitschaft die beteiligten Praxisstellen uns aufgenommen und zum Weitermachen ermuntert haben.

Wir haben deshalb in diesem Schuljahr die Arbeit mit den LENA-Klassen fortgesetzt und sind ein wenig stolz, dass wir immer noch das Motto haben:

Lasst uns weiterhin etwas Neues ausprobieren!

7. Hinweise zu gesetzlichen Grundlagen/ Adressen

Das Recht auf Integration im Kindertagesstätten-Bereich begründet sich in Berlin auf das **Kindertagesstättenbetreuungsgesetz § 5**, in dem es heißt, dass »Kinder mit Behinderung ... in der Regel gemeinsam mit anderen Kindern in integrativ arbeitenden Gruppen gefördert ...« werden. Dies bedeutet zugleich, dass es weiterhin Sonder-Kindertagesstätten geben wird, die u. a. auch von entsprechenden Interessenverbänden getragen werden. In Berlin haben sich inzwischen verschiedene integrative Kindergärten etabliert, was u. E. keinesfalls ausschließen darf, dass hier wie auch in anderen Regionen neue Kindergärten den Mut zu integrativer Betreuung bzw. zur Aufnahme von Kindern mit einer Behinderung finden. Starke Partner finden die Erzieherinnen nicht zuletzt in den Eltern, die eine integrative Betreuung ihres Kindes wünschen und fördern; zahlreiche Eltern-Initiativ-Vereine bezeugen dies.

Die Integration von Kindern mit einer Behinderung in eine Kindertagesstätte ist mit einer besonderen personellen und finanziellen Ausstattung verknüpft, die sich v. a. aus dem **§ 39 des Bundessozialhilfegesetzes** begründet. Dazu ist es jedoch notwendig, dass das entsprechende Kind als »behindert« eingestuft wird.

Eine »amtlich« gemachte Zuordnung zum § 39 BSHG *»ist zugleich in vielen Familien und Einrichtungen ein ›heißes Eisen‹, weil die Eingliederungshilfen nur behinderten Personen gewährt werden – d. h. spätestens in dem Moment, in dem die Eingliederungshilfe greift, wird z. B. ein Kind zum ›behinderten Kind‹ deklariert und damit nicht nur gefördert, sondern zugleich möglicherweise stigmatisiert. Viele Eltern – und Helfer – haben durchaus Probleme damit, ein entwicklungsauffälliges oder -verzögertes Kind von vornherein als ›behindert‹ zu bezeichnen und damit einen Terminus zu gebrauchen, der eine ganze Reihe unangenehmer Konnotationen und Konsequenzen haben kann. Viele Eltern haben durchaus die Befürchtung, ihr Kind aus der ›normalen‹ Gesellschaft herauszunehmen und ihm auch Wege zu verbauen, wenn sie es als ›behindert‹ deklarieren – und wir halten diese Befürchtung für nicht völlig unbegründet. Der ›Eingliederung‹ bedarf ja eigentlich nur jemand, der ›eigentlich‹ nicht dazu gehört!«* (ARBEITSAUSSCHUSS INTERDISZIPLINÄRE ENTWICKLUNGS-

FÖRDERUNG IM KINDESALTER 1998, S. 14) Ansprüche auf Förderung von Kindern mit einer Behinderung finden sich auch in verschiedenen anderen Gesetzestexten wie z. B. dem Sozialgesetzbuch 1. Buch, §§ 1, 8, 10, 21, 27–29 oder dem Sozialgesetzbuch 8. Buch (Kinder- und Jugendhilfegesetz) §§ 22–26 und § 35a.

Eine Übersicht über sämtliche Kindertagesstätten in Berlin und deren aktuellen Stand integrativer Förderung wird in regelmäßigen Abständen im Berliner Amtsblatt veröffentlicht. Eine Kontaktaufnahme mit den einzelnen Kindergärten ist über diese Adressenliste ohne weiteres möglich. Über ein eigenes, umfangreiches Konzept zur Integration von Kindern mit Behinderungen verfügt z. B. der Verein Integrativer Kindergarten e.V. Würzburg; dieses Konzept findet sich im Internet unter www.integrativer-kindergarten.de. Verschiedenste Informationen zur Integration im Kindergarten finden sich auch unter der Internetadresse http: bidok.uibk.ac.at.\

Statt eines Schlusswortes

Mandy, sie ist Praktikantin in der Gruppe der »Schmetterlinge«, sitzt mit den Kindern im Morgenkreis. Alle – Kinder und Erwachsene – haben einander begrüßt. Sie haben miteinander besprochen, gesehen, wahrgenommen, was sie heute in der Kita tun wollen. Jetzt warten die Kinder gespannt darauf, welche Gebärde sie heute lernen werden.
Makbule, eine von drei Erzieherinnen dieser Gruppe, sagt das Wort »Mama« und führt mit der rechten Hand kleine Kreise an ihrer rechten Wange aus. Die Kinder machen diese Geste begeistert nach und sagen dazu immer wieder »Mama«. Makbule korrigiert einige Kinder, die die linke Hand benutzen und von denen sie weiß, dass sie eigentlich rechtshändig sind. Danach versuchen sie einen Satz, der lautet: »Mama schneidet Brot«. Einige Kinder sagen den Satz, einige gebärden ihn, einige tun beides gleichzeitig. Mandy hat während dieser Zeit die Kinder aufmerksam beobachtet. Sie hat sich jedem sprechenden Kind zugewandt und gespannt auf Makbule gehört. Jetzt sagt sie: »Ich möchte auch gern wissen, wie die Gebärde für ›Mama‹ gemacht wird.« Einige Kinder sind sofort still, einige versuchen, mit den Worten »na, so«, ihr diese noch einmal zu zeigen. Leon steht auf, nimmt Mandys rechte Hand und zeichnet mit ihr kleine Kreise auf ihre rechte Wange, dann setzt er sich wieder. Mandy lächelt. Sie wiederholt die Gebärde und sagt: »Jetzt weiß ich, wie das ist, wenn man nicht hören kann.«

Mandy ist blind.
Wir danken Mandy, dass sie bei uns ein Praktikum gemacht hat. Wir sind sicher, dass sie eine gute Erzieherin werden wird.

Literatur

ARBEITSAUSSCHUß INTERDISZIPLINÄRE ENTWICKLUNGSFÖRDERUNG IM KINDESALTER (Hrsg.): Interdisziplinäre Entwicklungsförderung im Kindesalter dargestellt am Beispiel der Länder Berlin und Brandenburg. Probleme – Grundlagen – Adressen. Heidelberg 1998 via internet www.dvfr.de

ARBEITSKREIS INTEGRATIVER KINDERTAGESSTÄTTEN GEMEINSAM LEBEN – GEMEINSAM LERNEN E. V., Beyern: Leitfaden und Qualitätsstandards für integrative Kindertageseinrichtungen. O. Ort: 3. Auflage 2000

ANGERER, Anton/RAAB, Erich/STREIT, Philip: Akzeptiert? Soziale Reaktionen von Kindergärtnerinnen und Eltern auf behinderte Kinder in Vorschulalter. Graz 1994

BRAUN, Ursula (Hrsg.): Unterstützte Kommunikation. Düsseldorf 1996

CLOERKES, Günther: Soziologie der Behinderten. Eine Einführung. Heidelberg 1997

DICHANS, Wolfgang: Der Kindergarten als Lebensraum für behinderte und nichtbehinderte Kinder. Köln 1993

EBERWEIN, Hans (Hrsg.): Integrationspädagogik. Kinder mit und ohne Behinderung lernen gemeinsam. Ein Handbuch 5. Aufl. Weinheim/Basel 1999

FORNEFELD, Barbara: Das schwerstbehinderte Kind und seine Erziehung Heidelberg 1995

GOFFMAN, Erving: Stigma. Über Techniken der Bewältigung beschädigter Identität. 12. Aufl. Frankfurt a.M. 1996

GUSKI, Elin: Die Dynamik der Eltern – Kind – Beziehung bei geistig Behinderten. In: Geistige Behinderung 19 (1980) 3, S. 130–142

HAHN, Martin: Behinderung als soziale Abhängigkeit. Zur Situation schwerbehinderter Menschen. München 1981

HEIMLICH, Ulrich: Behinderte und nichtbehinderte Kinder spielen gemeinsam. Konzept und Praxis integrativer Spielförderung. Bad Heilbrunn 1995

HEINZEL, Friederike: Qualitative Interviews mit Kindern. In: FRIEBERTSHÄUSER, Barbara/PRENGEL, Annedore: Handbuch qualitative Forschungsmethoden in der Erziehungswissenschaft. Weinheim/München 1997

HEINZE-NIEßNER, Ursula: »Brauchen wir eine neue Pädagogik?« Pädagogische Konzepte für integrative Einrichtungen. In: Gemeinsam leben 4 (1996) 1, S. 18–24

HESSE, Hermann: Kinderseele. Erzählungen. Berlin/Weimar 1988

JONAS, Monika: Behinderte Kinder – behinderte Mütter? Frankfurt a. M. 1990

KAPLAN, Karlheinz/RÜCKERT, Erdmuthe/GARDE, Dörte u. a.: Gemeinsame Förderung behinderter und nichtbehinderter Kinder. Handbuch für den Kindergarten. Weinheim/Basel 1993

KLEIN, Gabriele/KLEIE, Gisela/KRON, Maria/REISER, Helmut: Integrative Prozesse in Kindergartengruppen. Über die gemeinsame Erziehung von behinderten und nichtbehinderten Kindern. Weinheim/München 1987

KNIEL, Adrian und Christiane: Behinderte Kinder in Regelkindergärten. Eine Untersuchung in Kassel. München 1984

KRON, Maria: Kindliche Entwicklung und die Erfahrung von Behinderung. Frankfurt 1988

LILL, Gerlinde (Hrsg.): Alle zusammen ist noch lange nicht gemeinsam. Berlin 1996

LOGAN OELWEIN, Patricia: Kinder mit Down-Syndrom lernen lesen. Ein Praxisbuch für Eltern und Lehrer. Zirndorf o. Jahresangabe

MEISTER, Hans: Gemeinsamer Kindergarten für nichtbehinderte und behinderte Kinder. Saarbrücker Beiträge zur Integrationspädagogik Band 5. St. Ingbert: 1991

MENTZENDORFF-MITLEHNER, Martina: Integration behinderter Kinder in Regeleinrichtungen unter besonderer Berücksichtigung des geschlechtsspezifischen Verhaltens von Mädchen und Jungen. Diplomarbeit eingereicht am Institut für Sozialpädagogik der Technischen Universität Berlin 1992

MIEDANER, Lore: Gemeinsame Erziehung behinderter und nichtbehinderter Kinder. Materialien zur pädagogischen Arbeit im Kindergarten. Weinheim/München 1986

MURRY, Thomas R./FELDMANN, Birgitt: Die Entwicklung des Kindes. Weinheim/ Basel 1992

REICHEL, Gusti: Lebendig statt brav. Handbuch für Erziehung und Animation mit Kindern. Münster 1990

ROTHMAYR; Angelika: Schwerstmehrfachbehinderte Kinder im Integrativen Kindergarten, Schriftenreihe: Lernziel Integration, Heft Nr. 5. Bonn 1989

SANDER, Alfred: Behinderungsbegriffe und ihre Konsequenzen für die Integration. In: EBERWEIN, Hans (Hrsg.): Integrationspädagogik. Kinder mit und ohne Behinderung lernen gemeinsam. Ein Handbuch 5. Aufl. Weinheim/Basel 1999, S. 99–107

SCHÖLER, Jutta: Integration: Gemeinsame Erziehung von Kindern mit Behinderungen und Kindern ohne Behinderungen als Normalität von Schule, 1996. In: SCHLEY, Wilfried/ALTRICHTER, Herbert/SCHRATZ, Michael (Hrsg.): Handbuch der Schulentwicklung. Unveröffentlichtes Manuskript

SCHUCHARDT Erika: Biographische Erfahrung und wissenschaftliche Theorie. Bad Heilbrunn 1987

SENATSVERWALTUNG FÜR INNERES (Hrsg.): Rundschreiben über das Verzeichnis der landeseigenen und nichtlandeseigenen Kindertagesstätten im Land Berlin (Kindertagesstättenverzeichnis). Stand 31. Dezember 1995. In: Amtsblatt für Berlin, 46. Jg. Nr. 47/1996. Berlin 1996

SENATSVERWALTUNG FÜR JUSTIZ (Hrsg.): Gesetz zur Förderung und Betreuung von Kindern in Tageseinrichtungen und Tagespflege (Kindertagesbetreuungsgesetz – KitaG). In: Gesetz- und Verordnungsblatt für Berlin, 54. Jg. Nr. 50/1998

STAATSINSTITUT FÜR FRÜHPÄDAGOGIK UND FAMILIENFORSCHUNG, MÜNCHEN (Hrsg.):

Handbuch der integrativen Erziehung behinderter und nichtbehinderter Kinder. München 1990

STRÄTZ, Rainer: Die Kindergartengruppe. Soziales Verhalten drei- bis fünfjähriger Kinder. Köln 1986

TRETZCHNER, Stephen von/MARTINSEN, Harald: Einführung in Unterstützte Kommunikation. Übersetzt aus dem Norwegischen von Sebastian VOGEL. Heidelberg 2000

WIENAND, Manfred (Hrsg.): Bundessozialhilfegesetz. Frankfurt a. M. 1996

WOLF-WEDIGO, Wolfram: Das pädagogische Verständnis der Erzieherin. Weinheim/ München 1995

Auf dem Weg zu einer inklusiven Pädagogik

Sabine Herm
**Gemeinsam spielen, lernen
und wachsen, 3. Auflage**
2007, 336 Seiten
€ 22,95 D / € 23,60 A / sFr 40,40
ISBN 978-3-589-24533-8

Behinderte und nichtbehinderte Kinder haben viele Gemeinsamkeiten, darunter auch die Freude an der Bewegung. Sabine Herm nennt die verschiedenen Formen von Behinderungen und zeigt die Gemeinsamkeiten in der frühkindlichen Entwicklung aller Kinder auf. Im Mittelpunkt jedoch steht eine Fülle von praxiserprobten psychomotorischen Übungen und Spielen, die die kindliche Entwicklung ganzheitlich anregen. Dabei greift die Autorin auf Beispiele aus ihrer Praxis zurück.

Dieses Buch ist ein großer Gewinn für alle, die die Stärken ihrer Kinder wahrnehmen und fördern möchten.

Neu in der komplett überarbeiteten Auflage: ein Kapitel zum frühkindlichen Autismus, ADHS und zu anderen Behinderungsformen.

www.cornelsen.de